すぐに役立つ

◆債権回収から継続取引、遺言、信託まで◆

改正対応

公正証書のしくみと実践書式集

弁護士 **森 公任** ／ 弁護士 **森元みのり** 監修

三修社

はじめに

　たとえば、契約の内容や成立などについて、当事者間で争いが発生し、訴訟にまで発展した場合、契約書は非常に重要な証拠になります。契約書の成立や内容が認められるか否かで、訴訟の結果が大きく左右されることもあります。そこで、契約書よりも証拠としての効力が強い公正証書が必要になる場合もあります。

　公正証書は、簡単にいえば、公証人が作成した書面です。内容は通常の契約書とほとんど違いはありません。どこが違うかといえば、書式の最後に公証人が作成したことを示す「本旨外要件」の記載があるかどうかです。「本旨外要件」には、当事者が人違いでないことや、作成の年月日・場所などが記載されます。また、金銭を支払う債務などについては、「期限内に返済をしなければ債務者は強制執行を受けてもよい」という強制執行認諾約款を記載した公正証書を作成しておけば訴訟プロセスを省いて強制執行をすることができる点も公正証書の特長のひとつです。

　本書では、公正証書の基本的な知識と、必要な手続きについて、知識のない人でも読めるように解説することを心がけました。保証契約における公正証書の作成、書面による消費貸借契約など、多くの人に影響を与える令和2年4月1日施行予定の改正民法（債権法）にも対応しています。第1章では、公正証書のしくみや公証役場での作成手続きなど、基礎的な知識を解説しています。第2章から第6章では、金銭支払い、売買・継続取引、借地借家・不動産売買、遺言・贈与・任意後見、信託など、トラブル防止を目的とする公正証書の作り方についてそれぞれ書式例を参照し、ポイントとなる事項を解説しています。第7章は、公正証書で強制執行をする手続などについて解説しています。

　本書を広く、皆様のお役に立てていただければ幸いです。

監修者　弁護士　森　公任　弁護士　森元みのり

Contents

はじめに

第1章　公正証書作成の基本

1 何のために公正証書を作成するのか　8

2 公正証書と通常の契約書はどこが違うのか　11

3 公正証書にできるものとできないものがある　14

4 必ず公正証書にしなければならない場合がある　16

5 公正証書遺言について知っておこう　19

6 公正証書の訴訟での効力について知っておこう　24

7 公正証書作成の手続きをおさえておこう　27

8 公証役場で公正証書を作ってもらうには　32

9 公証役場について、その他こんな点を知っておこう　34

10 公正証書を作成する際に準備しておくこと　36

11 代理人に依頼する場合の注意点について知っておこう　39

12 公正証書の正本の記載事項について知っておこう　43

13 作成手数料や保管期間、閲覧する場合の手続きについて知っておこう 45

14 認証や確定日付の付与について知っておこう　48

第2章　金銭消費貸借・弁済・担保契約の公正証書

書式1 金銭消費貸借契約公正証書　52

書式2 準消費貸借契約公正証書　57

書式3 債務弁済契約公正証書　61

書式4 求償債務履行契約公正証書　65

書式5 債権譲渡契約公正証書　68

書式6 抵当権設定契約公正証書　71

書式7	根抵当権設定契約公正証書	76
書式8	譲渡担保設定契約公正証書	80
書式9	代物弁済予約公正証書	86
参考書式	保証意思宣明公正証書（通常保証）	90

第3章　売買・継続的取引の公正証書

書式1	継続的取引基本契約公正証書	94
書式2	特約店契約公正証書	100
書式3	物品売買契約公正証書	103
書式4	割賦販売契約公正証書	108
書式5	動産賃貸借（レンタル）契約公正証書	113
書式6	リース契約公正証書	115

第4章　不動産売買・借地借家契約の公正証書

書式1	不動産売買契約公正証書	124
書式2	土地賃貸借契約公正証書	131
書式3	建物賃貸借契約公正証書	135
書式4	取り壊し予定のある建物賃貸借契約公正証書	141
書式5	一般定期借地権設定契約公正証書	145
書式6	事業用定期借地権設定契約公正証書	149
書式7	建物譲渡特約付借地権設定契約公正証書	153
書式8	定期建物賃貸借契約公正証書	156
書式9	規約設定公正証書	160

第5章　遺言・贈与・任意後見・離婚給付・不動産等信託などの公正証書

| 書式1 | 遺言公正証書 | 164 |

書式2	任意後見契約公正証書	168
書式3	財産管理等委任契約	173
書式4	死後事務委任契約	177
書式5	生前契約書	181
書式6	負担付贈与契約公正証書	185
書式7	死因贈与契約公正証書	188
書式8	離婚給付契約公正証書	191
書式9	扶養契約公正証書	195
書式10	不動産等信託契約公正証書	197
Column	遺言書の有無の確認も忘れずに	202

第6章　知っておきたい　その他の公正証書

書式1	委任契約公正証書	204
書式2	住宅工事請負契約公正証書	207
書式3	事業譲渡契約公正証書	211
書式4	示談契約公正証書	216
書式5	事実実験公正証書（株主総会議事に関する公正証書）	219
書式6	事実実験公正証書（尊厳死宣言書公正証書）	222
書式7	事実実験公正証書（相続財産目録調製公正証書）	224
書式8	事実実験公正証書（弁済提供目撃公正証書）	225

第7章　強制執行するための手続き

1	強制執行とはどんなものか	228
2	公正証書で強制執行するためには何が必要か	233
3	執行文の申請のしかた	238
4	強制執行と送達証明の関係はどうなっているのか	242
5	強制執行の財産の調査について知っておこう	244

第 1 章

公正証書作成の基本

何のために公正証書を作成するのか

イザというときに有力な証拠になる

● 契約書は「確認と証明」という役割を担う

　私たちが日々生活する上で、守らなければならない約束があります。わかりやすい例でいえば、品物を購入したら店に代金を支払うという約束が発生しますが、このような約束は、法的には**契約**と扱われます。契約というと、分厚い契約書を交わすような取引をイメージしている人もいるかもしれませんが、契約の成立にいつも**契約書**が必要なわけではありません。契約書などの書面の作成・交付や、契約の目的になる物の交付をしないと成立しない契約もあるのですが、多くの契約に関しては、口頭での申込みに対し、相手方が口頭で承諾してしまうと、それだけで契約として成立してしまうのです。

　このように、契約において書面の作成は、必ずしも行うべき事項ではありません。

　しかし、企業間の取引や不動産売買など、複雑な契約や大きな財産が動く契約では、「○○契約書」という名称の書面が作成され、当事者の署名や押印がなされます。場合によっては、弁護士などの第三者が契約書の作成に介入することもあります。ここまで慎重な手続きを踏むのは、契約書が「確認と証明」という大きな役割を担うものになるからです。

● トラブルを防ぐためにも書面作成は必要

　たとえば、AさんとBさんという子どもが「本を貸して」「いいよ」というやりとりをしたとします。ところが、数日後になって、BさんがAさんの家に「Aさんが本を返してくれない」と文句を言いに来ま

した。Ａさんの母親が間に立って話を聞いてみると、Ｂさんは「３日たったら本を返してと言った」と言っていますが、Ａさんは「来月の３日になったら本を返してと言われた」と言っています。ＡさんとＢさんのやりとりは、他のだれも聞いていませんでした。

この場合、最初にＢさんが言い間違えたのか、Ａさんが聞き間違えたのか、ＡさんあるいはＢさんのどちらかがうそをついているのか、Ａさんの母親には正しい判断をするための基準がありません。

しかし、最初のやりとりの段階で、お互いのメモ帳に「○日に返す」と書いて、返却日を確認しておけば、言い間違いや聞き間違いのトラブルの種をなくすことができます。さらに、一方がメモをなくしてしまったり、うそを言ったりしても、もう一方がメモを持っていれば、トラブルになった場合に証拠として示すことができます。書面を作成しておくことによって、トラブルを解決するだけでなく、それを予防する効果も期待できるわけです。

トラブルを未然に防ぐためにも、長期にわたる契約や、大きな財産が動く契約を結ぶ際には、書面を作成することが求められます。

◉ 公正証書とは

契約書の作成にあたって、とくに決まった書式はありません。当事者が契約の内容を確認できるものであればよいわけです。ただ、トラ

■ 公正証書の種類 ………………………………………………………

広い意味での公正証書
住民票の原本
登記簿謄本（抄本）の原本
自動車登録ファイル

狭い意味での公正証書
公証人の作成する公正証書

ブルが起こったときに、その契約書が証拠としての効力を発揮できるかというと、必ずしもそうではありません。せっかく契約書を作っても、契約をした日付や、契約の目的となる物など、契約の内容を左右する重要な部分の記載に不備がある場合や、簡単に偽造できるような状態である場合は、証拠として使うことが難しくなりますし、火事や引っ越しなどで紛失するおそれもあります。これらの問題を解消するための手段のひとつとして、**公正証書**があります。

　公正証書といってもさまざまな文書があります。広い意味では、登記簿謄本（抄本）の原本や住民票の原本も公正証書に含まれます。公正証書の原本に不実（うそ）の記載をさせた者には、刑法157条が規定する公正証書原本不実記載罪として処罰されますが、ここでいう公正証書とは、この広い意味での公正証書のことを意味します。

　ただ、本書で取り上げる公正証書は、そのような広い意味での公正証書ではなく、**公証人が作成する公的文書のこと**を意味します。具体的には、金銭の貸借に関する契約、不動産賃貸借の契約、遺言、離婚した際の養育費の支払いといったさまざまな内容について、民法をはじめとする法律に照らして作成された文書です。公証人とは、公証役場で事実や契約などの証明や認証をする公務員のことです。公証人の多くは、裁判官や検察官などの職についていた法律の専門家の中から選任されます。

　公正証書の作成を必要とする場合には、全国に約300か所ある公証役場のいずれかに出向いて、公証人に必要事項を伝えます。事前に弁護士などの専門家に相談し、公正証書の原案を作成してから公証役場に出向くことも多いようです。この原案作成に役立つのが、本書に数多く掲載された書式です。公証人と依頼者（嘱託人という）が文書の内容を確認し、証人とともに署名押印することで、公正証書は完成です。作成された公正証書の原本は公証役場に保管されます。

公正証書と通常の契約書はどこが違うのか

訴訟トラブルになったときに役立つ

● 本旨外要件の記載があるかどうかの違い

公正証書は、簡単にいえば、公証人が作成した書面です。公正証書の内容が契約書である場合、その内容は通常の契約書とほとんど違いはありません。違いがあるとすれば、契約文の最初に公証人が証書を作成したことの記載と、最後に公証人が作成したことを示す本旨外要件（43ページ）の記載があるかどうかです。本旨外要件には、当事者が人違いでないことや、作成の年月日・場所などが記載されます。

本書で掲載している書式にも、公証人が作成したことや本旨外要件を参考までに記載していますが、自身で公正証書の原案を作成する際には、これらを明記する必要はありません。

● 事実を証明する上で非常に有力な証拠となる

契約内容を公正証書にしておくと、後々役立つことがあります。

契約の当事者間で何らかのトラブルが生じたとき、話し合いで決着がつかなければ訴訟に発展することもありますが、訴訟手続きでは、当事者をはじめとする関係者の証言や、契約書に代表される書類などのさまざまな証拠をもとに、裁判官が一定の判断を言い渡します。そのため、提出された証拠に信頼するに足る信用性があるかどうかによって、裁判に勝つか負けるかが決まります。

たとえば、兄が弟に100万円を貸したが、弟が一向に返してくれないという訴えがあったとします。このとき、弟が「50万円しか借りていない」と主張すると、借用書などの証拠がない限り、どちらの言い分が正しいかを判断するのは非常に難しくなります。もしいずれか一

方が借用書を証拠として提出しても、他方が借用書を偽造書類だと主張すれば、その借用書の証明力は低下することがあります。

　しかし、公正証書は公証人という法律の専門家が作成する公的文書ですから、事実を証明する上で非常に有力な証拠となります（25ページ）。さらに、自宅などに保管している契約書は紛失してしまうこともありますが、公正証書にしておけば、原本が公証役場に保管されていますので、紛失などの心配もありません。

● 訴訟プロセスを省いて強制執行をすることができる

　金銭の貸し借りといった契約では、公正証書にしておくと、債権者としては、債務者に対して確実に債務を履行するようプレッシャーをかけることができるというメリットがあります。公正証書の作成手続きは、公証役場という公的機関を介して厳正に行われますから、それだけでも債権者が確実な履行を求めていることを債務者に実感させることができます。債務者が履行を怠り、裁判で解決を図ることになっても、公正証書が作成してあれば債権者は債権の存在を立証することができるので、支払いを怠っている債務者にまず勝ち目はありません。この点を理解していれば、ほとんどの債務者はできる限り契約どおりに債務を履行しようとするでしょう。

　さらに、公正証書にしておくことで、裁判手続きをしないで強制執行（債務者の財産を売却するなどして強制的に契約の目的を達成すること）をすることができる場合があります。たとえば、兄が弟に貸した金銭を強制的に取り返したい場合、通常のケースであれば、①裁判で兄の勝訴が確定する、②弟が判決に従わない、③兄が裁判所に強制執行を申し立てる、という段階を踏む必要があります。

　しかし、「期限内に返済をしなければ債務者は強制執行を受けてもよい」という強制執行認諾約款（237ページ）を記載した公正証書を作成しておけば、①②の段階を飛ばして、いきなり③の強制執行を申

し立てることができます。訴訟は時間や費用がかかりますが、公正証書があれば、訴訟プロセスを省いて強制執行をすることができます。

　ただし、強制執行認諾約款が付いた公正証書で強制執行ができるのは、金銭を支払う債務や株式など有価証券を給付する債務に限られていることに注意してください（234ページ）。

● 公証役場に支払う手数料など費用や書類の準備が必要

　公正証書を作成する際は、公証役場に支払う手数料が必要です。手数料の額は、公正証書の種類や目的価額（相手方に請求する財産の価格）によって数千円から数十万円とさまざまです（50ページ）。弁護士や司法書士など、専門家の手を借りる場合は、報酬を負担しなければなりません。その他、戸籍謄本や登記簿謄本など、必要書類をそろえることや、決められた日時に公証役場に出向くことも必要です。

■ 契約書と公正証書の違い ……………………………………

	通常の契約書	公正証書
証拠としての効力	文書の成立と内容について問題が生じることがある	真正に成立した文書であると推定される
書類の保管	紛失すると、裁判での証明が困難になる	公証役場で作成した公正証書の原本が厳重に保管される
強制執行	強制執行の可否を裁判で確定させる必要がある	強制執行認諾約款の記載に基づき強制執行の申立てが可能な場合がある
相手への圧力	書面にすることで一定の圧力をかけることができる	より強力な心理的圧力をかけることができる
必要な費用	当事者間での作成なので手数料などは不要	手数料の支払いが必要

3 公正証書にできるものとできないものがある

契約書や遺言など、権利義務に関係のあるものでなければならない

● 権利義務に関係する事項でなければならない

　公正証書を作成する対象となるのは、個人や法人（会社など）の権利義務に関係する事項でなければなりません。たとえば、友人同士の金銭の貸し借りも、恋人同士の結婚の約束も、個人や法人の権利義務に関係があるわけですから、日常的に交わされる約束のほとんどが公正証書作成の対象になるといえます。具体的には、次のような内容の公正証書を作成することができます。

① **法律行為に関するもの**

　法律行為とは、権利義務の発生・変更・消滅の効果を発生させるための行為のことです。法律行為の代表例が、商品の売買、不動産の賃貸借、金銭の消費貸借などの「契約」です。その他、離婚に付随する取り決め（財産分与や養育費など）、遺言（遺言書の作成）なども法律行為にあたります。これらの法律行為について、契約書や遺言書などの公正証書を作成することができます。

② **個人や法人の権利に関する事実を証明するもの**

　個人や法人に認められる権利には、所有権、抵当権、賃借権、著作権など、さまざまなものがあります。それらの権利を得た場合や失った場合、あるいは変更した場合に、そうした権利の変動の「原因となる事実」を証明するため、公正証書を利用することができます。

● 公正証書にできない場合もある

　公正証書の作成は、トラブル回避の面で大きな効果を期待することができますが、どのような事項についても公正証書を作成できるわけ

ではなく、次のような内容については作成が認められません。

① **公序良俗に反する内容のもの**

社会一般の秩序や道徳のことを公序良俗といいます。公序良俗に反する内容を含む法律行為は、当事者が納得していても、絶対的に無効であると規定されています（民法90条）。したがって、法律行為が公序良俗に反する内容を含む場合には、それに関する公正証書を作成することはできません。

② **法令に違反する内容のもの**

公正証書は、法令（法律、政令、省令、条例など）に照らして作成されるため、法令に反する公正証書は作成することができません。

③ **当事者が制限行為能力者や意思能力がない状態である場合**

未成年者や成年被後見人等の制限行為能力者による法律行為についてです。成年被後見人等とは、成年被後見人（判断能力を欠く常況にある人）、被保佐人（判断能力が著しく不十分な人）、被補助人（判断能力が不十分な人）のことです。

制限行為能力者本人が契約を結ぶ場合、原則として本人だけで行うことはできません。したがって、契約の当事者が制限行為能力者である場合には、公正証書の内容に問題がなくても、原則として本人だけで公正証書を作成することはできません。

なお、公正証書を作成する前提として、作成者に意思能力（自分の行為の結果を判断できる能力）がなければなりません。意思能力を欠いた状態で作成された公正証書は無効になります。たとえば、公正証書による遺言を行った場合に、遺言者が重度の精神障害のため、言葉を発することができない場合には、意思能力を失っている状態であると判断される場合があります。このように判断されたときは、意思能力を欠いた状態で作成された公正証書になることから、遺言が無効になります。

必ず公正証書にしなければならない場合がある

公正証書の作成が義務づけられている契約もある

● 公正証書がよく利用される契約

　公正証書の作成が義務づけられてはいませんが、公正証書がよく利用される契約などとして、おもに以下のものがあります。

①　債務弁済契約

　当事者間で支払方法や債務額を明確にするために利用されます。

②　金銭消費貸借契約

　金銭消費貸借契約（金銭の貸し借り）についての公正証書は、強制執行認諾約款（237ページ）を記載しておけば、延滞がある場合、裁判手続きを経ずに強制執行ができるため、よく利用されます。

③　定期借地契約・定期借家契約

　定期借地契約・定期借家契約は、書面で更新排除特約（更新なく期間満了時に契約が終了するとの特約）などを定める必要があるため、公正証書がよく利用されます。とくに一般定期借地権は、契約期間が長く、期間満了時には両当事者ともに死亡し、契約当時の状況が不明になることがあるので、公正証書を作成するとよいでしょう。

④　保証契約

　金銭消費貸借契約などでは、契約条件として保証人が要求されることがあります。その場合、保証内容を明確にするため、公正証書がよく利用されます。なお、平成29年改正民法（令和2年4月1日施行）では、後述する個人保証について、保証人の保証意思を確認するために公正証書の作成が義務づけられています。

⑤　遺言

　相続をめぐる争いをより確実に予防するため、公正証書による遺言

書である「公正証書遺言」がよく利用されています。

⑥　**離婚**

　子の養育費支払いなどにつき、裁判手続きを経ずに強制執行できるようにするため、強制執行認諾約款付きの公正証書が利用されます。

⑦　**事実実験公正証書**

　事実実験公正証書とは、契約などの法律行為だけでなく、公証人自身が見聞きした事実について作成される公正証書のことです。たとえば、株主総会の議事進行状況を公証人に見聞きしてもらい、株主総会手続きが適正に行われた事実を証明してもらいます。

● 公正証書を作成しなければならないケースもある

　以下の契約では、要件を慎重に審査させ、制度の濫用が生じないようにするため、法律で公正証書の作成が義務づけられています。

①　**任意後見契約の締結（任意後見契約法３条）**

　成年後見制度（171ページ）を活用し、財産管理などを依頼する任意後見人を選任する契約を締結する場合、法務省令で定められた様式の公正証書の作成が義務づけられています。任意後見契約を利用する際には、財産管理を依頼する本人と、依頼を受けて将来本人のために財産管理を行うことになる任意後見受任者との間で、任意後見契約書を作成します。この任意後見契約書について、公正証書の作成が要求されているのです。

②　**事業用定期借地権の設定（借地借家法23条３項）**

　事業用定期借地権とは、事業のために用いる建物の所有を目的とし、存続期間を10年以上50年未満として借地権を設定することをいいます。事業用定期借地権の設定を目的とする契約は、必ず公正証書によらなければなりません。不動産の賃貸借契約は、前述のように書面の作成が必要になるケースはありますが、常に公正証書の作成が義務づけられるわけではありません。しかし、事業用定期借地権は、通常の借地

権（存続期間30年以上）より短い存続期間を定めることができるので、その設定について法律の専門家である公証人に関与させることで、借主（借地権者）を保護しようとしています。

③　マンションなどの管理規約の設定（区分所有法32条）

　マンションなどの管理規約は、原則として、マンションの所有者である区分所有者が集まる総会において、区分所有者の頭数および議決権の各4分の3以上の多数で決定しなければなりません。しかし、規約敷地や規約共用部分など一部の項目については、最初に建物の専有部分を全部所有する者（分譲業者など）が、公正証書によって単独で管理規約を設定することができます。このように管理規約を事前に設定する場合には、公正証書で作成することが義務づけられています。

④　個人保証における保証意思の確認（民法465条の6）

　個人保証とは、企業が金融機関から融資を受ける場合に、経営者やその家族、知人などの個人がその融資の返済を保証することです。資力に乏しい主たる債務者である企業の資金調達が可能になる一方で、主たる債務者が破綻した場合には、保証人（連帯保証人を含む）が個人の資力では到底支払えない高額の保証債務を負担させられます。

　そこで、平成29年改正民法によって、個人保証について、保証意思を確認するための公正証書の作成が義務づけられています。改正民法では、事業用融資についての第三者の個人保証を原則禁止としながら、保証人の自発的な意思が認められる場合に例外的に認める措置を講じています。つまり、ⓐ事業のための貸金等の債務に関する保証契約や根保証契約について、ⓑ契約の締結日前1か月以内に、保証人となる個人の意思を公正証書で確認することが義務づけられました。個人保証について公正証書を欠く保証契約や根保証契約は無効です。ただし、主たる債務者の取締役や過半数株主などが保証人になる場合（経営者保証）は、保証意思を確認するための公正証書の作成は例外的に不要です。

5 公正証書遺言について知っておこう

遺言は人の最終意思である

● 遺言とは何か

　相続といえば、民法が定める法定相続分の規定が原則と考えている人が多いようです。しかし、それは誤解です。遺言による指定がないときに限って、法定相続の規定（民法900条）が適用されます。つまり民法では、あくまでも遺言者の意思を尊重するため、遺言による相続を優先させています。

　法的効力がある遺言は、①遺贈や遺産分割方法の指定などの遺産に関する事項、②認知（未婚の男女間に生まれた子を男性が自分の子と認めること）や廃除（遺留分をもつ推定相続人が被相続人を虐待した場合や著しく侮辱した場合に、被相続人の請求または遺言に基づいて家庭裁判所がその推定相続人の相続権を剥奪すること）などの身分に関する事項、③遺言執行者の指定などの遺言執行に関する事項に限定されます。

　遺言をする場合は、民法が規定する方式に従わないと無効になります（民法960条）。民法が規定する遺言には、「普通方式」と「特別方式」がありますが、一般的には「普通方式」によることになります。普通方式の遺言には自筆証書遺言、公正証書遺言、秘密証書遺言の3つがあります。このうち秘密証書遺言とは、遺言状を封じ、その封書を公証人と証人の前に提出して公証人に一定の事項を書き入れてもらい、証人と遺言者が署名する形式の遺言ですが、実務上秘密証書遺言はほとんど利用されていません。そのため、遺言書を作成する場合には、自筆証書遺言か公正証書遺言によることになります。

① **自筆証書遺言**

遺言者自身が、自筆で遺言の全文と日付、氏名を書き、押印したものです。他人の代筆やワープロで作成したものは無効となります。簡単で費用もかかりませんが、紛失や偽造・変造の危険があります。なお、令和2年7月に自筆証書遺言を国の機関が保管する制度が導入されました。この制度を利用すると、検認の手続きが不要になるなどのメリットがあります。

② **公正証書遺言**

　公証人が作成する遺言状です。遺言者が証人2人の立ち会いの下で口述した内容を、公証人が筆記し、遺言者と証人が承認した上で、全員が署名・押印して作成した文書です。手続に不備があると無効になります。

● 公正証書遺言を作りたいときは

　公正証書遺言は、遺言者が公証人に対して、直接遺言を口述して遺言書を作成してもらいます。

　公正証書遺言の作成は、まず証人2人以上の立会いの下で、遺言者が遺言の趣旨を公証人に口述します。遺言者に言語機能の障害がある場合は、通訳または筆談によって公証人に伝えます。公証人はその口述を筆記し、遺言者と証人に読み聞かせ、または閲覧させます。そして、遺言者と証人は、正確に筆記されていることを承認した上で、署名押印します。最後に、公証人が正しい方式に従った文書であること

■ 遺言書の種類 ………………………………………………

普通方式	─ 自筆証書遺言	**特別方式**	─ 死亡の危急に迫った者の遺言
	─ 公正証書遺言		─ 伝染病隔離者の遺言
	─ 秘密証書遺言		─ 在船者の遺言
			─ 船舶遭難者の遺言

を付記して、署名押印します。遺言者が署名できないときは、公証人はその旨を付記して署名に代えることもできます。なお、公正証書遺言に押印する印鑑は、実印でなければなりません。

この方式では、遺言者は遺言の趣旨を公証人に口述し、署名するだけです。しかも口述するのは遺言の趣旨だけでかまいません。細かいことを全部述べる必要はありませんし、文章になるように述べる必要もありません。

● 公正証書遺言作成の手続きについて

公正証書遺言の作成を依頼するときは、まず遺産のリスト、不動産の地番、家屋番号などの必要資料をそろえます。遺言の作成を依頼する時点では、証人の同行は不要です。証人の氏名と住所を伝えるだけで大丈夫です。証人は署名をする日に役場に行くだけですが、本人確認のため当日は住民票を持参しましょう。

公正証書遺言作成の際には以下の点に注意する必要があります。

■ 公正証書遺言を作成するための資料 ……………………………

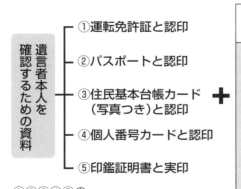

遺言者本人を確認するための資料

① 運転免許証と認印

② パスポートと認印

③ 住民基本台帳カード（写真つき）と認印

④ 個人番号カードと認印

⑤ 印鑑証明書と実印

①②③④⑤の
いずれかを用意する（原則は⑤）

公正証書遺言の作成に特有の資料

・遺言者本人の印鑑証明書

・遺言者と相続人との続柄がわかる戸籍謄本

・財産を相続人以外の人に遺贈する場合には、その人の住民票

・遺産に不動産が含まれる場合には、登記事項証明書または固定資産評価証明など

① どこの公証人に嘱託するのか

遺言者自身が公証役場に行き、公正証書遺言を作成してもらう場合には、どこの公証役場の公証人に嘱託してもかまいません。

ただ、遺言書の作成を思い立つときには、遺言者の体が自由にならないケースがよくあります。その場合には、自宅や病院まで公証人に出張してもらうことになります。この場合、公証人が所属する法務局の管内に管轄が限定されています。出張してもらう場合は事前の打ち合せが必要ですし、出張分の費用もかかります。

② 証人を用意しておく

公正証書遺言を作成するには、証人が2名立ち会わなければなりません。「証人」と聞くと、何か後で面倒なことが起きるような印象を受けますが、作成時にただ立ち会ってもらうだけです。証人は印鑑を持参します（認印でもよい）。証人はだれでもなれるわけではなく、未成年者、相続人になるであろう人（推定相続人）、推定相続人の配偶者・直系血族などは、証人になることができません。利害関係がなく思慮分別のある成人に、遺言の作成について証明してもらうためです。

③ 必要な書類を用意しておく

身分関係や財産関係を証明するための書類を事前に用意しておきましょう。

・本人性を証明する

遺言者本人であることを証明するために、実印と3か月以内に発行された「印鑑証明書」などを用意します。

・遺言の内容を明らかにする

遺言の内容には相続人や受遺者、財産が登場します。それらの存在を明らかにするための書類も、事前に用意しておかなければなりません。具体的には、相続人や受遺者の「戸籍謄本」や「住民票」を用意します。また、相続財産については、「財産目録」を作成しておきましょう。不動産については、登記事項証明書を法務局（登記所）で交

付してもらっておきます。

④　**遺言すべき内容を決定する**

　遺言として法律上の効力を持つのは、法律上の身分関係や財産関係の事項に限られます。具体的には、だれにどの財産を（または財産をどのような割合で）相続させるか、遺贈するか、だれが遺言を実行するのか、といった内容です。

　法律上の効力がある遺言の内容は限定されているので、不明な場合は弁護士などの専門家と事前に相談するとよいでしょう。

⑤　**「相続させる」「遺贈する」という記載**

　遺産をだれかに譲る場合、そのだれかが相続人であれば、原則として「相続させる」と表現します。相続人以外であれば、相続させることができないので「遺贈する」と表現します。

　たとえば、Aさんが、遺言で「六甲の別荘を敷地・建物ともにBに相続させる」と表現した場合には、これにより遺産の分割方法を指定したことになるので、遺産分割協議を経ることなく、六甲の別荘はそのままBのものとなります。

⑥　**遺留分**

　兄弟姉妹以外の相続人には「遺留分」といって、最低限相続できる割合が法律で保障されています。ただ、遺留分を侵害する遺言がなされたとしても、遺言自体は有効です。遺留分を侵害された者は、「遺留分侵害額請求権」を行使して、侵害額に相当する金銭の支払いを請求できるからです。

　もっとも、紛争の火種を残さないように、公証人とも相談して、遺留分に配慮した遺言をしておいたほうが無難でしょう。

⑦　**遺言執行者**

　公正証書遺言の中でも、相続財産を管理し、遺言の執行を行う「遺言執行者」を指定できます。遺言の執行をスムーズにするために、信頼できる人物や弁護士などの専門家を指定しておくと安心でしょう。

6 公正証書の訴訟での効力について知っておこう

法律で規定された効力と事実上の効力がある

● 公正証書の2つの効力

　当事者間で契約書や念書を作成しておけば事足りる場合であっても、その上でなお費用や手間をかけて公正証書が作成されることがあるのは、公正証書に証明力や心理的圧力といった効力があるからです。

　公正証書の効力には、①法律で規定された効力と、②事実上の効力があるとされています。

　法律で規定された効力としては、訴訟の場で認められる証拠としての効力と、強制執行を行う際に権利の存在を証明する債務名義（233ページ）としての効力があります。これらの効力は、民事訴訟法や民事執行法という法律に明記されています。

　一方、事実上の効力とは、法律には記載されていないものの、当事者に対して認められる心理的圧力のことをいいます。つまり、「公正証書には強力な効力がある」という事実が、当事者（とくに債務者）に大きな影響を及ぼすのです。具体的には、「債務を履行しなければ裁判で不利になるかもしれない」「自分の財産に強制執行をかけられてしまうかもしれない」と思うことで、「なんとしても債務を履行しよう」という気持ちになる可能性が高くなるということです。

● 訴訟になれば証拠が必要になる

　トラブルが起こり、当事者間の話し合いで解決がつかなくなったときには、裁判所の力を借りるという方法があります。

　裁判所というのは、当事者間のトラブルの経緯をまったく知らない、いわば第三者ですから、判決（裁判所による事件についての最終的な

判断）を受けるためには、当事者がどのような経緯でトラブルに発展し、どのような点で争っているのかといったことを主張しなければなりません。そして、自分の主張を認めてもらうには「証拠」を提出することが必要です。

　ただし、証拠が事実を証明する上で有効に機能するためには、証拠に形式的証拠力と実質的証拠力が備わっていなければなりません。

● 公正証書は真正に成立した公文書だと推定される

　裁判所に文書を証拠として提出すると、まず証拠としての形式を満たしているかどうかが検討されます。「証拠としての形式」とは、文書の場合には、文書を実際に作成した人と作成者として記載されている人が一致していることを意味します。つまり、権限なく他人が作成した偽造書類でないかどうかが検討されます。検討の結果、文書が偽造されたものでなく、作成者の意思に従って真正に成立していると認める場合、その文書は「形式的証拠力がある」と判断されます。

　とくに文書に関しては、作成された目的などを考慮すると、公務員が職務上作成したものと認めるべきときは、真正に成立した公文書であると推定されています（民事訴訟法228条2項）。公正証書は、公証人という「公務員が職務上作成した文書」ですから、相手方が「その文書は偽造である」と言えるだけの証拠を提示しない限り、その公正

■ 文書の証拠力 ……………………………………………………………

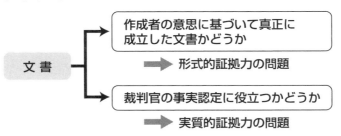

証書は形式的証拠力のある文書として認めてもらえることになります。

● 公正証書の実質的証拠力は高い

真正に成立した文書であると判断されると、次に文書の記載内容の真偽が検討されます。検討の結果、記載内容が真実に合致しており、裁判官の事実認定に役立つことを「実質的証拠力がある」といいます。

公正証書は、形式的証拠力は非常に高いといえますが、その記載内容の信頼性を証明する実質的証拠力まで十分とはいえません。公正証書が作成を依頼した嘱託人の陳述をもとにして作成されるものだからです。公証人は嘱託人などの陳述内容の真偽を裏づけるような証拠の提出を求めるわけではありません。また、公証人が公正証書を作成するにあたって、嘱託人などに「うそを言いません」などと宣誓させるわけでもありません。そのため、もし虚偽の内容を陳述していてもわからないのです。

ただし、公正証書はわざわざ公証役場に出向き、公証人という法律の専門家に依頼しなければ作成できない文書です。そのような状況の中で、虚偽の内容を陳述することは、一般の人にはなかなかできることではありません。このような点から考えると、通常の契約書や念書に比べれば、公正証書の実質的証拠力は高いといえるでしょう。

● 債務者に心理的プレッシャーをかけることができる

公正証書にはトラブルの予防効果もあります。公正証書は裁判での証拠力が高いので、債務者はうそをつくことはできないと感じるでしょう。また、強制執行認諾約款（237ページ）を記載しておけば、裁判手続きを経ずに強制執行ができるので、債務者は債務を履行しなければならないと感じるでしょう。つまり、公正証書の作成により、債務者は心理的プレッシャーを受けることになるのです。

7 公正証書作成の手続きをおさえておこう

公証役場に行って嘱託をする

● 内容を整理し、妥当かどうかを確認する

　実際に「公正証書を作成しよう」となったとき、どのような手順を踏めばよいのでしょうか。

① 公正証書にする内容の整理

　まず公正証書にする内容について当事者間で十分に話し合い、整理しておく必要があります。当事者が公正証書にする内容について合意したら、それを文書にして、だれが見てもわかるように整理しておきます。具体的には、ⓐ当事者がだれか、ⓑどのような財産、権利、法律行為についての公正証書なのか、ⓒ債務が履行されない時に強制執行（228ページ）ができるかどうか、といった点が挙げられます。

② 一度相談してから準備する

　公証役場で公正証書の作成を嘱託する場合は、必要な情報を収集することや、添付書類をそろえるなどの準備が必要です。公正証書には法律に反する内容を記載することはできませんので、公証役場を訪れたとしても、書類の不備でその日のうちに公正証書が作成できないことや、作成それ自体を拒否されることも考えられます。公証役場には当事者双方が平日の執務時間内に行かなければならない、という制約がありますから、二度手間になることは避けたいところです。

　そこで、実際に公正証書の作成を嘱託する前に、公証役場に相談しておくのも一つの方法です。公証役場では無料で相談を受け付けていますので、公正証書にしたい内容が妥当かどうかを確認し、どのような準備が必要になるのかを聞いておくとよいでしょう。

● 執務時間を確認しておく

公証役場の執務時間は、「法務省職員の勤務時間による」と定められています（公証人法施行規則9条）。実際の執務時間は公証役場ごとに異なりますが、おおむね9時から12時、昼休みをはさんで13時から17時というところが多いようです。

公証役場では、相談などについては無料で行っています。いきなり公証役場に行って作成を嘱託することもできますが、公正証書にする案件は複雑な内容であることが多く、書面の準備なども必要であることから、時間がかかることが予想されます。他の依頼者が来ていれば長時間待たされることにもなりますので、公証人との面接相談については電話で予約をしておくほうがよいでしょう。

● 当日必要になる書類について

当日は、書類を用意して、公証役場を訪れることになります。

公証役場に持参する書類は、以下のとおりです。必要書類を忘れると、公正証書の作成ができないこともあるので、以下の書類について不備がないかをよく確認しておきましょう。

① 当事者（嘱託人）本人であることを証明する書類

個人の場合、本人を証明する書類（本人確認書類）は、印鑑証明書と実印が一般的です。運転免許証、パスポート、マイナンバーカードなど、官公署（役所）が作成した写真付の公文書と認印も本人確認書類となります。法人の場合、登記事項証明書、代表者印とその印鑑証明書を持参することなどが本人確認書類として必要です。

② 代理人に嘱託を委任する場合

入院していて公証役場に行けない場合や、公証役場に行く時間がないといった事情がある場合は、本人が公証役場に出向かず、代理人によって嘱託してもらう方法をとることができます。家族、友人、弁護士、司法書士など、都合がよい人に代理を依頼して問題ありません。

代理人に委任する場合は「委任状」が必要で、委任状には実印（法人の場合は代表者印）を押印します。また、委任者の印鑑証明書に加えて、代理人自身の本人確認書類も必要です（個人の場合の本人確認書類と同じ書類が求められます）。ただし、公証人が代理人の本人確認をしている場合は、本人確認書類が不要になることもありますが、

■ 当事者確認のために必要な身分証明書 ……………………………

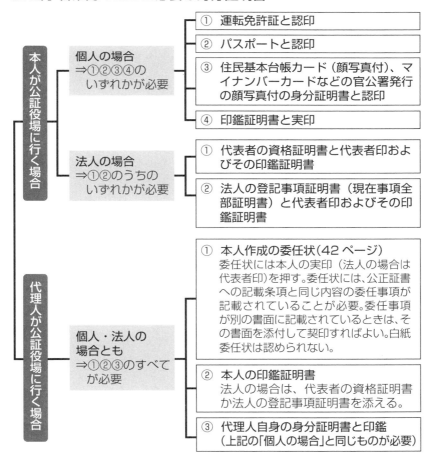

代理人についても実印と印鑑証明書を準備しておくとよいでしょう。

③ 不動産を取り扱う内容である場合

不動産の売買や相続など、公正証書が不動産を取り扱う内容を含む場合、その不動産の所在地や権利関係についての登記事項証明書（登記簿謄本）を準備します。準備しなくても公正証書の作成ができないわけではありませんが、より正確な公正証書を作成してもらうため、不動産の現況などを確認できるものは準備しておくべきでしょう。

④ 遺言を取り扱う内容である場合

遺言で財産を相続させるような内容である場合、その財産の受取人についての確認が必要になりますので、受取人の戸籍謄本（受取人が相続人でない場合は住民票）が必要です。

● 公証役場における手続き

公証役場には当事者全員がそろって出向くことが必要です。たとえば、契約が2人の間で交わされる場合は、その2人がそろって公証役場に出向かなければなりません。これは代理人に委任する場合も同様です。たとえば、2人の間の契約で双方ともに代理人を立てる場合、双方の代理人がそろって公証役場に出向くことが必要になります。

さらに、公正証書遺言を作成する場合は、民法の定めにより、遺言を作成する本人の他、2人以上の証人（立会人）の出頭が必要になりますが、公証役場に相談すれば有料で証人を手配してもらえます。

公証役場に着いたら、受付で公正証書作成の嘱託のために来たことを伝え、係員に案内してもらいます。飛び込みで行くと待たなければならないこともあるため、事前に電話確認をしておきます。予約制の公証役場ではあらかじめ予約が必要です。

担当の公証人を案内されたら、作成してほしい公正証書の内容を説明します。事前に相談しておいたり、内容を書面に整理したりしておくと時間短縮ができます。ここで本人確認や添付書類の確認なども行

われ、不備や間違いがあれば修正または再出頭が求められます。

● 確認、署名・押印により法的な効力が発生する

　確認すべき事項の確認が終わり、書類などの不備がなければ、公正証書の作成に入ります。公正証書が当日に作成されない場合は、指定された期日に再度公証役場に出向きます。ただ、何度も公証役場に出向くのは手間なので、事前に電話、FAX、電子メールで作成を依頼する内容をやりとりし、公証役場に出向く時点では、公正証書がほぼ完成しているという方法をとることが多いようです。

　いずれにしても、公正証書が完成した場合は、公証人が当事者（代理人）の前で内容を読み上げますので、その内容に間違いがないか、過不足がないかを必ず確認します。そして、間違いがないことを確認したら、当事者（代理人）がそれぞれ署名・押印をします。署名・押印によって公正証書が完成し、法的な効力が発生します。たとえば、公正証書が証拠としての能力を発揮する他、公正証書を根拠に強制執行ができる場合もあります。この押印の際に印鑑（認印でよい）が必要なので、再出頭の場合も印鑑を忘れずに持参します。

■ 公正証書の作成手続き ··

```
┌─────────────────────────────────────────┐
│ 申請前に公正証書の作成について当事者の合意が必要 │
└─────────────────────────────────────────┘
                    ▼
┌─────────────────────────────────────────┐
│              申請書類などの確認              │
├─────────────────────────────────────────┤
│ ・公正証書にしたい文面                        │
│ ・本人確認書類（当事者が法人か個人かで異なる）    │
│ ・代理人申請の場合は本人作成の委任状や本人の印鑑証明書など │
└─────────────────────────────────────────┘
                    ▼
┌─────────────────────────────────────────┐
│            最寄りの公証役場へ行く            │
└─────────────────────────────────────────┘
                    ▼
┌─────────────────────────────────────────┐
│          公証人が公正証書を作成            │
└─────────────────────────────────────────┘
```

公証役場で公正証書を作ってもらうには

自宅や職場に近い公証役場を利用する

公証役場はどこにあるのか

　公正証書を作成するには、公証役場にいる公証人に作成を依頼しなければなりません。公証役場とは、法務大臣の指定した地に設けられた公の機関で、公証人が公証事務を行っているところです。

　公証役場は、全国各地に約300か所ありますが、必ずしも最小の行政区画（市区町村）ごとに設置されているわけではありません。公証事務の多い地域には、多くの公証役場が設置されている一方で、公証事務の件数が多くない地方の場合には、1つの公証役場がカバーする地域が広範囲に及んでしまう傾向にあります。

　公正証書の作成を依頼するには、本人（嘱託人）または代理人が公証役場に出向くのが基本です。どこの公証役場に出向いても、公正証書を作成してもらうことができます。ただ、原本が公証役場に保管されることなどを考えれば、できるだけ自宅や職場などに近い公証役場を利用するほうがよいでしょう。なお、公証人に対し本人の下に来てもらう場合、公証人には管轄という問題があります（34ページ）。

　公証役場の所在地は、日本公証人連合会のホームページ（http://www.koshonin.gr.jp）または法務局のホームページ（http://houmukyoku.moj.go.jp/homu/static/）などからも調べることができます。

公証人は元裁判官・元検察官が多い

　公証役場に行くと、そこで執務している公証人の氏名を記載した表札が掲げられています。たいていの公証人は年配者です。これは「公証人」の職務が、一般企業や国・地方自治体の役所のように、大卒な

どの新人を採用して経験を重ねる形でのものではないからです。

　公証人は、法務大臣に任命され、法務局または地方法務局に所属する国家公務員という立場です。その任免の条件などは、公証人法に規定されています。これによると、成年者である日本国民のうち、一定の試験に合格し、かつ6か月以上の修習を公証人見習として経た人が公証人となる資格を得ます。ただし、①裁判官（簡易裁判所判事を除く）、検察官（副検事を除く）、弁護士の資格を有する者、または、②長い法律の実務経験を有している人の中で裁判官・検察官・弁護士と同等の知識があり公証人にふさわしいと認められた者であれば、一定の試験や修習を経なくても公証人になる資格を得ます。

　これだけ見ると、若い人も公証人になることができそうですが、公証人は職務を遂行する上で豊富な法律知識と社会経験を有することが必要となるため、原則として30年以上の実務経験をもつ法曹関係者、おもに元裁判官や元検察官が多く任命されています。現在、一定の試験は行われておらず、上記の①に該当する者は年3回程度、上記の②に該当する者（簡易裁判所判事、副検事、裁判所書記官、司法書士など）は年1回程度、法務省が公募を行い、公証人を選考しています。

　一方、禁錮（刑務所に入るが刑務作業は強制されない刑罰。2年以下の禁錮刑で、刑の執行を終わりまたは執行を受けることがなくなったときを除く）または懲役（刑務所に入って刑務作業を強制される刑罰）の刑に処せられた者や、破産手続き開始の決定を受けて復権していない者は、公証人になる資格がありません。

　公証人の身分は、前述したように法務局や地方法務局に所属する国家公務員ですが、一般の国家公務員とは異なり、国から給与を得ているわけではなく、公正証書の作成などを依頼する際に支払われる手数料（50ページ）が公証人の収入源となっています。

9 公証役場について、その他 こんな点を知っておこう

公証人が管轄外で作成した公正証書は無効

● 公証人の執務を補助するのが書記

　公証役場には、公証人の他、何人かの人が働いています。この人たちは、「書記」と呼ばれる人たちです。書記は、公証人の執務を補助するのが仕事で、設置するためには公証人が所属する法務局または地方法務局の長の認可を受けることが必要とされています。

　このように、書記は法務局または地方法務局の長の認可に基づいて設置されますが、公証人と違って公務員ではありません。報酬面で独立採算制をとる公証人が、自ら給料を支払って雇用することになっています。つまり、公証人が必要性を感じれば、給料や待遇面で責任をもてる範囲で何人でも雇用することができますし、逆にすべての業務を公証人ができるのであれば雇用しなくてもかまわないわけです。

　なお、書記は公務員でもなく、何らかの法律的な資格をもっていなければなれないわけでもありませんが、職務上知り得た情報については守秘義務を負います。

● 公証人が管轄外で作成した公正証書は無効

　公証人に嘱託（依頼）する際には、嘱託人（依頼する人）が公証役場に出向くのが基本ですが、病気で入院している人が公正証書遺言を作りたいという場合や、特許権を保護するために新たな装置を実際に起動させて事実を証明する事実実験公正証書を作成したいが、装置が大きすぎて運べないといった場合には、公証人に出張してもらうことができます。ここで注意しなければならないのが**管轄**です。

　管轄とは、職務を行うことができる地域的範囲のことで、公証人の

場合、所属する法務局または地方法務局の管轄区域に準じることになっています。そのため、公証人が管轄外で作成した公正証書は無効となります。たとえば、少し離れた場所に知り合いの公証人がいるから出張してもらうような場合は、必ず管轄を確認してから嘱託するようにしましょう。これに対し、嘱託人（または代理人）が出向く場合は、どこの公証役場でも公正証書を作成してもらえます。

● 除斥という制度もある

公証人が、一方の利益あるいは不利益のために、その職務を行うことは許されません。このような不正な職務遂行を防ぐため、下図のいずれかに該当する場合、公証人は職務を行うことができないとしており、いずれかに該当する公証人が作成した公正証書は無効になります。

このように「職務の担当から外される」という制度を**除斥**といいます。公正さを要求される公証事務において、その公証人が担当すると公正さを保てないおそれがある場合、その公証人を公証事務の担当から外すことにしているのです。除斥されるべき公証人が公正証書の作成に関与しないよう注意が必要です。

■ 公証人が除斥されるおもなケース ·································

① 公証人が嘱託人、その代理人または嘱託事項（契約内容等）について利害関係をもつ者の配偶者、4親等内の親族または同居の親族であるとき

② 公証人が嘱託人である被保佐人（精神上の障害によって判断能力が著しく不十分な者）の保佐人（被保佐人を保護する者）であるとき

③ 公証人が嘱託事項について利害関係をもつとき

④ 公証人が嘱託事項について代理人などになっているとき

10 公正証書を作成する際に準備しておくこと

当事者であることを確認するための資料が必要

● 事前準備をしてから出向くとよい

　一般の人にとってなじみの薄い公証役場ですが、特別に敷居の高い場所というわけではありません。必要に応じて電話で相談し、公正証書の作成を依頼すればよいわけです。しかし、公証役場は法律に基づいて業務を行っている公的機関ですから、本人確認の手続きや必要書類、情報などについては、厳しさが要求されます。とくに公正証書の作成を依頼すると、公証人からさまざまな点について確認を受けることになります。

　このため、思いつきで公証役場を訪れてしまうと、必要な書類の準備や情報の収集のため、何度も足を運ぶことになりかねません。そのため、公証役場に行く前に、必要な書類を用意しておくなど、十分な事前準備をしておくことが求められます。

　公証役場に行けば、公証人が必要な事項を確認し、法律に照らして公正証書の作成をしてもらえます。しかし、作成を依頼する内容をまったく考えず、白紙状態で公証役場に行くと、公正証書の作成に手間取ります。したがって、必ず作成を依頼する内容（契約の内容など）を決めた上で、公証役場に出向くようにしましょう。公証人には、口頭で契約の内容などを伝えることもできますが、契約事項を記載した書面を持参するほうが、公正証書の作成がスムーズに進みます。本書などを用いて事前に契約事項のおもな内容をまとめておくとよいでしょう。

　実務上は、公証役場に2回出向くことになります。一度目は、公証人に契約事項を記載した書面などを提示し、作成する公正証書につい

て公証人と話し合います。その後、二度目に公証役場を訪れたとき、作成された公正証書を公証人から受け取るという流れです。ただし、31ページで解説したように、電話やFAX、電子メールでやりとりをしておき、公正証書がほぼ完成してから、はじめて公証役場に出向くケースも増えているようです。

● 公正証書の悪用を防ぐため必要になる手続き

公正証書を作成する際に最も重要なのが、嘱託人（依頼者）や代理人が本当に本人なのかを確認することです。これは、強い効力をもつ公正証書が悪用されることを防ぐため、どうしても必要になる手続きで、以下の3つの方法があります。

① **嘱託人や代理人と公証人に面識がある場合**

弁護士などのように、法的書面（契約書や遺言書など）を作成することが多い職業の人は、公証役場を訪れる機会も多くなります。公証人自身も元裁判官や元検事など、法曹関係者がほとんどですので、弁護士とは以前から顔見知りということもあります。

このような人が代理人となって嘱託する場合は、とくに本人である

■ 本人であることを証明する手段 ……………………………………

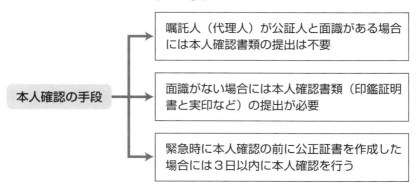

本人確認の手段 →

嘱託人（代理人）が公証人と面識がある場合には本人確認書類の提出は不要

面識がない場合には本人確認書類（印鑑証明書と実印など）の提出が必要

緊急時に本人確認の前に公正証書を作成した場合には3日以内に本人確認を行う

ことを証明しなくても、代理人として公正証書の作成を嘱託することができます。ただし、代理人の場合、一般人の場合はもちろん弁護士などであっても、次項で解説する「委任状」は必要です。

② 嘱託人が身分を証明するケース

　一般人が自分で公正証書の作成を依頼する機会をもつことはあまり多くありません。この場合には、公証人に対し、嘱託人が本人であることを証明することが求められます。

　本人確認のため、原則として提出を求められるのが印鑑証明書と印鑑登録された印鑑（実印）です。印鑑証明書を取るためには、まず市区町村役場に印鑑の印影を登録しなければなりません（印鑑登録）。印鑑登録をする際は、運転免許証などを提示するか、住所地に届く回答書を持参して改めて市区町村役場の窓口に行くなどの方法で、本人確認が行われます。登録が済むと印鑑登録証が発行されますので、印鑑証明書が必要になったときには、この印鑑登録証を市区町村役場などに持参して印鑑証明書を発行してもらいます。印鑑証明書の有効期間は、交付後３か月以内とされていますので注意してください。

　印鑑証明書に準ずる確実な方法は、運転免許証やパスポート、在留カードなどの写真付の公的証明書が挙げられます。一般的に印鑑証明書よりも運転免許証などのほうが用意しやすいので、本人が依頼する場合であれば、運転免許証と認印を持参すればよいでしょう。

③ 緊急時に公正証書を作成するケース

　公証人が緊急に公正証書を作成する必要があると判断した場合は、本人確認の手続きを省略することができます。この場合、公正証書を作成してから３日以内に、本人確認を行わなければなりません。このように、とりあえず公正証書を作成しておき、後から嘱託人が本人であることの確認を行う方法を「追完」といいます。公証人から見て客観的な理由があると判断できる場合に追完が認められます。

代理人に依頼する場合の注意点について知っておこう

委任状を公証人に提出する必要がある

● 代理人による嘱託という方法もある

　公正証書の強力な効力を考えると、契約の内容などをよく理解している当事者が自ら出向くのが無難です。しかし、多忙でどうしても平日の昼間に時間がとれない人も多いと思います。

　このような問題を解消してくれるのが、代理人による嘱託という方法です。代理人というとまず弁護士を思い浮かべるかもしれませんが、公正証書の嘱託の場合、とくに代理人になるための資格は必要ありません。夫の戸籍謄本を取得するのに妻が代理で市区町村役場に行くのと同様、家族、親戚、知人なども、代理人として公証役場に出向くことができます。ただ、法律面で不安がある場合は、費用は発生しますが、弁護士などの法曹関係者に依頼するほうが安心でしょう。

● 代理人に依頼する場合には委任状が必要

　代理人の制度は非常に便利な反面、危険を伴う部分もあります。たとえば、訴訟の場合であれば、代理人（訴訟代理人）になる資格があるのは原則として弁護士だけですが、公正証書の場合、資格や血縁関係がなくても、だれでも代理人になることができます。しかし、一般人の場合、親切心から頼まれた以上のことに踏み込み、勝手な判断で公正証書の内容の追加を依頼したり、悪意から当事者の意思に反する内容の公正証書の作成を依頼することがないとも限りません。

　このような事態を防止するため、公証人法では、代理人が公正証書作成の嘱託をする際は「代理人の権限を証すべき証書」を提出し、権限を証明することを求めています。この証書は委任状のことです。委

任状の形式はとくに決まっていません。ただし、次の①および②の内容については明確に記載する必要があります。

①　本人（委任者）および代理人（受任者）の氏名の記載

委任状には「だれが」「だれを」代理人にするのかを記載しなければなりません。代理権を与えるということは、その部分について自分と同等の権利を与えることですから、代理人の選定は慎重に行うようにしましょう。通常は本人と代理人の双方の氏名の他、双方の住所や生年月日などを記載します。

なお、代理権が知らない第三者によって行使されるという悪用を防ぐため、代理人の住所・氏名については、必ず委任状を交付する時点で記載するようにしましょう。

②　委任内容の記載

委任状には「何を委任するのか」も記載します。公正証書作成の嘱託の場合であれば、「公正証書作成嘱託の権限を委任します」といった記載になるわけですが、この記載だけでは不十分です。

公正証書は、不動産の売買や金銭の消費貸借など、何らかの契約や事実などがある場合に作成するものです。したがって、委任状には、代理権の内容を特定する情報を詳細に記載するようにしましょう。公正証書作成の嘱託の場合であれば、公正証書にしたい内容をあらかじめ書面にまとめておき、「別紙書面の内容による公正証書作成の権限を委任する」というように記載するとよいでしょう。

公正証書の大きな特徴である強制執行を認める文言を記載するかどうかは、当事者にとって大きな問題です。とくに債務者にしてみれば、できれば強制執行は避けたいところです。しかし、本人（委任者）が強制執行を望んでいないのに、代理人が相手方の言い分をうのみにして、勝手に強制執行認諾約款が記載された公正証書の作成を嘱託してしまうと、後でトラブルになりかねません。

そこで、公正証書に強制執行認諾約款（237ページ）を記載したく

ない場合には、委任状に強制執行認諾約款を付さないことを記載して
おけば、代理人は公正証書に強制執行認諾約款を記載することができ
ません。反対に、公正証書に強制執行認諾約款を記載したい場合には、
委任状に強制執行認諾約款を付することを記載すればよいでしょう。

● 本人への通知について

　公証人法施行規則では、公証人は、代理人の嘱託によって公正証書
を作成した場合には、３日以内に、①証書の件名、番号と証書作成の
年月日、②公証人の氏名と役場、③代理人と相手方の住所、氏名、④
債務者が直ちに強制執行に服することについての陳述の記載の有無に
ついて、本人に通知しなければならないと規定しています。

　代理人に嘱託を委任した場合には、公証人からの通知の内容を見て、
偽造などの問題がないかを確認するようにしましょう。

● 委任状作成の際の注意点

　白紙委任状とは、委任する人の名前や住所以外の内容がまったく書
かれていない委任状のことです。白紙委任状が他人の手に渡ると、本
人の知らない人が代理人になったり、希望しない行為についての代理
権が認められることになってしまいます。

　白紙委任状の交付が行われるケースとしてよく問題になるのが、債
務者の支払滞納に備えて、消費者金融業者やヤミ金業者などが白紙委
任状と印鑑証明の提出をあらかじめ求めるというものです。これによ
り、本人の意図しないところで公正証書が作られ、不動産が第三者に
売却されたり、預金を差し押さえられたりすることが多発したため、
貸金業法の改正が行われ、貸金業者は公正証書の嘱託に関する委任状
を取得すること自体が禁じられました。

　委任状を作るときは、自分の大事な財産や権利を失う可能性もある
ことを十分認識しておくべきでしょう。

委任状

　私は、弁護士○○○○（登録番号00000）を代理人と定め、次の契約事項について公正証書作成の嘱託に関する一切の権限を委任する。

1. 債権額　　金○○○万円
2. 債権発生原因　　令和○年○月○日金銭消費貸借
3. 当事者
　　債権者　甲山太郎
　　債務者　乙村憲一
4. 連帯保証人
　　　丙野伸介
5. 弁済方法
　　　適宜、相手方と協議の上、決することとする
6. 利息
　　　年18%
7. 遅延損害金
　　　年20%
8. 期限の利益喪失約款に関する事項
　　　適宜、相手方と協議の上、決することとする
9. 強制執行認諾約款を付することとする
10. 本委任状により作成される公正証書に関する執行文付与の申立、郵便による送達申立、および公正証書謄本等送達証明申請、並びにこれらの申立に関する書類の受領および予納郵券の受領等に関する一切の権限

令和○年○月○日

　　　　　　　　　　住所　　東京都○○区○○町○丁目○番○号
　　　　　　　　　　氏名　　甲山太郎　㊞
　　　　　　　　　　職業　　○○○○
　　　　　　　　　　生年月日　昭和○○年○月○日

公正証書の正本の記載事項について知っておこう

契約や事実に関する記載と本旨外記載事項で構成されている

● 正本に記載される内容について

　公正証書には、原本、正本、謄本の３種類あります。公証人が作成する書面そのものが**原本**で、公証役場で厳重に保管されます。嘱託人のうち債権者に交付されるのは**正本**です。正本は原本の写しで、原本と同じ法的効力があります。これに対し、同じく原本の写しとして**謄本**も作成されますが、こちらは法的効力がないため、嘱託人のうち債務者に交付されるのが一般的です。

　そして、公証人法の定めにより、法的効力が与えられる公正証書の正本には、①原本の全文、②正本であることの記載、③正本の交付請求者の氏名、④作成年月日および場所が記載されます。

　とくに公正証書の正本に記載される「①原本の全文」は、２つの部分から成り立っています。１つ目の部分には、嘱託人（または嘱託人の代理人）から公正証書に記載してもらいたい内容を公証人が聞き取り、これを録取した契約や事実関係の具体的な内容が記載されています。この記載を「本旨」といいます。たとえば、不動産の売買契約書の場合には、当事者・代金・目的物などの売買契約の内容、遺言書の場合には、相続財産・遺贈先などの遺言の内容です。

　もう１つの部分には、公正証書に記載された具体的内容そのものではなく、公正証書を作成する際の形式的内容が記載されます。この記載は**本旨外記載事項**または**本旨外要件**といい、公正証書独特の記載内容です。契約書などを見た場合、本旨外記載事項があるかどうかで、その契約書が公正証書によるのか、公正証書ではないのかがわかります。本旨外記載事項については、公証人法によって記載すべき事項が

決まっています。具体的には、嘱託人の住所・氏名・年齢・職業、公正証書の作成年月日・作成場所などです（下図）。

● 公正証書作成後に契約内容に変更があった場合

公正証書の信頼と効力を保持するため、正本の文字を勝手に修正しても、その効力は認められません。

公正証書の作成後に契約内容に変更があったため、文字を挿入する場合は、原本に訂正を加えた上で、その箇所と加筆字数を欄外の余白部分に「第7行中4字加入」などと記載し、公証人と嘱託人（または代理人）が原本に押印することが必要です。反対に、文字を削除する場合は、原本の削除部分に取消線を引いた上で、その箇所と削除字数を欄外の余白部分に「第9行中3字削除」などと記載し、公証人と嘱託人（または代理人）が原本に押印することが必要です。

■ 本旨外記載事項（本旨外要件）……………………………………………

①	証書の番号
②	嘱託人の住所・職業・氏名・年齢（法人の場合はその名称・事務所）
③	代理人による嘱託の場合はその旨、代理人の住所・職業・氏名・年齢
④	嘱託人または代理人の氏名を知り、かつ面識があるときはその旨
⑤	第三者の許可または同意があるときは、その旨およびその事由、第三者の住所・職業・氏名・年齢（法人の場合はその名称・事務所）
⑥	印鑑証明書の提出その他の方法で人違いでないことを証明させ、または証明書を提出させて証書の真正を証明させたときは、その旨およびその事由
⑦	代理人による嘱託の場合で、公証人が保存する書類で代理権を証明する証書の真正が証明できるときは、その旨およびその事由
⑧	急迫な場合で人違いでないことを証明させることができない場合は、その旨
⑨	立会人を立ち合わせたときは、その旨およびその事由、立会人の住所・職業・氏名・年齢
⑩	作成の年月日・場所

13 作成手数料や保管期間、閲覧する場合の手続きについて知っておこう

印鑑証明書などを提出すれば閲覧できる

● 公正証書を作成してもらうためにかかる費用

公正証書を作成してもらうには手数料の支払いが必要です。手数料の具体的な金額は、公証人手数料令という政令によって定められています。書類作成の手数料だけでなく、公証人が書類作成のために出張した際には、旅費や日当の支払いも必要です。その他、金銭消費貸借契約、土地の賃貸借契約、土地の売買契約には、手数料に加えて公正証書に印紙税法による印紙の貼付が必要です。

はじめから公正証書を作成すれば、印紙の貼付は一度で済みますが、私文書で契約書を作成し、印紙を貼付した場合は、その契約書をもとに公正証書にする際に、再び印紙を貼付することが必要になります。

手数料は、公正証書の正本等を交付してもらうときに現金で支払うのが原則ですが、例外的に予納を要求されることもあります。公証業務に関する相談は無料ですので、まずは必要な費用について電話で相談しておくのがよいでしょう。

● 金銭の支払いを目的としない場合について

公正証書を作成する目的が金銭の支払いではないとしても、書面を公正証書にしておくと、特別な効力が認められることがあります。たとえば、遺言書を公正証書で作成する場合です（公正証書遺言）。

遺言書の保管者は、本人の死亡を知った後に、遺言書が勝手に書き替えられていないかどうかを確認するため、その遺言書を家庭裁判所に提出し、検認を受けなければなりません。検認とは、家庭裁判所が遺言書の内容を確認し、以後の偽造・変造を防止する手続きです。

ただし、遺言書を公正証書で作成している場合と、法務局において保管されている自筆証書遺言に関して交付される「遺言書情報証明書」については、検認の手続きが不要になります。

● 公正証書の保管期間はどうなっているのか

　公正証書が作成されると、原本は番号順につづられ、作成された公証役場に付属する倉庫または安全性の高い建物内に保管されます。

　公正証書の原本の保管期間は、公証人法施行規則の定めで、原本が作成された年度の翌年から起算して20年間です。ただし、特別の事由があれば、20年を超えて保管されます。これに対し、期限の定めがある契約などについては、期限の到来または期間の満了の翌年から10年を経過すれば、保存期間を満了したと判断されることがあります。

　そして、保管されている原本は、災害などの特別な事情を除いて、持ち出しは禁じられています。

　保管期間が満了すると、公正証書の原本は廃棄されます。廃棄の際には、公証人が目録を作成して、所属する法務局または地方法務局の長の認可を受けなければなりません。ただし、公正証書の重要性から、20年を経過しても当然に破棄されるとは限らないようです。

● 公正証書を閲覧するための手続き

　公正証書の原本は厳重に保管されていますが、関係者が申請すれば、原本を閲覧することができます。

・嘱託人本人

　嘱託人本人は、正本または謄本を手もとにもっていますから、通常は閲覧の必要がありません。しかし、火事や災害などによって滅失することがないとは限りません。閲覧を希望するときは、原則として嘱託人であることを証明する印鑑証明書の提出が必要です。例外的に官公署発行の顔写真付の身分証明書（運転免許証やパスポートなど）の

提出が認められています。

・代理人

嘱託の場合と同様、代理人を立てて閲覧することもできます。代理
人が閲覧する場合は、本人が作成した委任状や、本人と代理人の印鑑
証明書などの提出が必要になります。

・嘱託人の承継人

承継人とは、嘱託人の権利義務を引き継ぐ人のことで、相続人など
が該当します。承継人が閲覧するときは、自身が承継人であることを
証明する書類が必要です。たとえば、嘱託人の相続人の場合は、戸籍
事項全部証明書（戸籍謄本）などを提出しなければなりません。

・公正証書の内容について法律上の利害関係をもつ者

公正証書に記載された内容について法律上の利害関係をもつ者は、
利害関係を証明するものを提出すれば、原本の閲覧が可能です。ここ
での「利害関係」とは、保証人などのように法律に基づいた利害関係
であり、単なる知人や友人という事実上の関係では閲覧できません。

● 公正証書が滅失したらどうなるのか

公正証書の原本は厳重に保管されていますが、保管されている倉庫
や建物が火事、地震、水害などによって崩壊するおそれがないとはい
えません。このときは、正本または謄本がある場合に限り、公正証書
を新たに作成する手続きをとることができます。

まず、公証人が嘱託人に交付している正本や謄本を取り寄せます。
次に、所属する法務局または地方法務局の長の認可を受けて、取り寄
せた正本や謄本を原本の代わりに保存します。保存する正本や謄本に
は、滅失した原本の代わりに保存することについて認可を受けた日を
記載し、公証人が署名・押印をします。

公正証書の正本や謄本の交付には1枚250円がかかりますが、以上
の場合の保険になるため、交付は受けておくべきでしょう。

認証や確定日付の付与について知っておこう

認証や確定日付の付与などの業務を取り扱う

● 公証人の仕事は公正証書作成だけではない

　公証人の公証事務のうち、公正証書に関する事務以外の仕事として、おもに認証の付与と、確定日付の付与を挙げることができます。以下では、これらの業務について見ていきましょう。

● 認証の付与

　認証とは、ある文書について、作成名義人が自らの意思に基づき、その文書を作成したということを、公証人が証明することをいいます。おもな認証付与に関する業務は以下のとおりです。

①　私署証書認証

　私署証書認証とは、作成者が署名押印（氏名を自筆した上で押印した場合）・記名押印（氏名についてパソコンなどを用いて、自書以外の方法で記載した上で押印した場合）した文書について、署名・記名、押印が、作成者の意思に基づき、確かに作成者により行われたことを、公証人が証明することです。対象になる文書は私文書です。私文書とは、民法や商法（私法）上の権利義務関係に関して、事実関係を記載した、私人が作成した文書を指します。たとえば、物の売買契約における契約書や、代理人が契約を結ぶ際に呈示される委任状などが挙げられます。具体的な認証方法には、公証人の面前で署名・記名、押印を行ったことを証明する方法や、作成者自身が、自ら署名・記名、押印を行ったことを認めたということを認証する方法などがあります。

②　宣誓認証

　宣誓認証とは、文書の記載内容が真実であると作成者が宣誓した上

で、公証人の面前で、署名・記名、押印したことについて、公証人が証明することをいいます。もっとも、署名・記名、押印については、自らの意思で行ったことを文書に記載することにより認証を受けることも可能です。宣誓認証を受けた文書については、内容が真実であることまで認証の対象になっていますので、裁判所などの機関に提出する文書について、宣誓認証が行われることが多いといえます。

③ 定款認証

定款認証とは、会社などを設立する場合に、会社などの目的・組織・基本ルールについて定めた定款が、正当な手続きを経て作成されたことについて、公証人が証明することをいいます。株式会社などの法人を新たに設立する場合には、必ず定款認証を受ける必要があります。

● 確定日付の付与

確定日付の付与とは、文書に記載されている日付について、記載された日付の時点でその文書が存在していたことを証明することをいいます。確定日付は後に変更できない日付であり、確定日付の付与は、70ページ図の債権譲渡の場合などに効果を持ちます。

■ 確定日付の付与と債権譲渡 ·······················

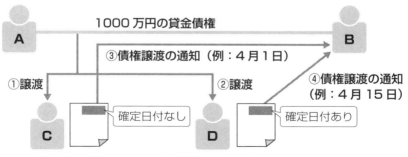

確定日付の付与された証書で債権譲渡の通知を行ったDは、
Cに対して債権譲渡を受けたことを主張することができる

■ 公正証書作成に必要な手数料 ‥‥‥‥‥‥‥‥‥‥‥‥‥‥‥‥‥‥‥

（令和2年12月現在）

	目的の価額（備考1参照）	手 数 料
証書の作成	100万円以下	5,000円
	200万円以下	7,000円
	500万円以下	11,000円
	1,000万円以下	17,000円
	3,000万円以下	23,000円
	5,000万円以下	29,000円
	1億円以下	43,000円
	以下超過額5,000万円までごとに 3億円まで13,000円　10億円まで11,000円　10億円を超えるもの8,000円加算	

	私署証書の認証 （契約書）	11,000円（私署証書を公正証書として作成した場合の手数料の半額が11,000円を下回るときはその額）	外国文の認証 6,000円加算
その他	会社定款の認証	50,000円	
	確定日付の付与	700円	
	執行文の付与	1,700円	承継執行文等　1,700円加算
	正本または謄本の交付	1枚　250円	
	正本または謄本の送達	1,400円	郵便料実費額を加算
	送達証明	250円	
	閲　覧	1回　200円	

備考

1　目的の価額の算定額
　　金銭消費貸借　……　借入金額
　　売　　　　買　……　代金の2倍の額
　　不動産賃貸借　……　期間中の賃料総額（ただし10年分まで）の2倍の額
　　担保権設定　……　担保目的の価額または担保される債権額のいずれか少ない額
　　算定不能の場合　……　価額500万円として算定
　　遺　　　　言　……　遺言により相続・遺贈する額を相続人・受贈者ごとに算出
　　　　　　　　　　　目的の価額の総額が1億円までの場合11,000円加算
　　　　　　　　　　　秘密証書遺言は11,000円

2　区分所有法による建物の規約設定手数料
　　専有部分の個数　10個以下　　　　　　　　　23,000円
　　　　同　　　　　10個を超え50個以下　　　10個までごとに11,000円加算
　　　　同　　　　　50個を超え100個以下　　10個までごとに9,000円加算
　　　　同　　　　　100個を超えるもの　　　 20個までごとに6,000円加算

3　事実実験手数料
　　1時間までごとに11,000円　（休日等は手数料の2分の1を加算）

4　役場外執務（遺言・事実実験等）
　　日　　　　当　……　20,000円（4時間以内10,000円）
　　交　通　費　……　実費額
　　病床執務手数料　……　2分の1加算

（日本公証人連合会のホームページより作成）

第2章

金銭消費貸借・弁済・担保契約の公正証書

金銭消費貸借契約公正証書

金銭消費貸借契約公正証書

　本公証人は、当事者の嘱託により、その法律行為に関する陳述の趣旨を録取し、この証書を作成する。

　貸主〇〇〇〇（以下「甲」という）と借主××××（以下「乙」という）は、〇〇〇〇（以下「丙」という）を連帯保証人として、下記のとおり、金銭消費貸借契約を締結した。

第1条（本契約の目的） 本契約においては、甲が乙に金銭を貸与し、乙がこれに利息を付して返還することを約する。

第2条（金銭消費貸借契約の内容） 甲は、乙に対し、令和〇年〇月〇日、下記の内容において、金銭を貸与し、乙はこれを受領した。

　　① 金　　額　　　　　金〇〇〇〇円也
　　② 使用用途　　　　　〇〇〇〇
　　③ 弁済期（終期）　　令和〇年〇月〇日
　　④ 弁済方法　　　　　元利均等返済方式
　　⑤ 利　　息　　　　　年〇％の割合（年365日の日割計算）
　　⑥ 利息の計算方法　　単利・残債方式
　　⑦ 利息支払期間　　　貸付の当日から弁済の前日まで
　　⑧ 賠償年率　　　　　年〇％の割合（年365日の日割計算）
　　⑨ 賠償金の計算方法　約定期日（毎月〇日）に支払うべき元本×
　　　　　　　　　　　　賠償年率×（支払超過日数÷365）

2　前項第9号の「賠償金」は、違約金、遅延損害金、その他の賠償金の一切を示すものとする。

第3条（連帯保証） 丙は、前条に基づき乙が甲に対して負担する一切の債務を保証し、乙と連帯して履行の責めに任ずる。

第4条（期限の利益喪失） 乙が下記のいずれかに該当した場合には、甲は、何らの催告をせず、乙において、当然に期限の利益を失わせ、乙

および丙は、本契約に基づき甲に対して負担する一切の債務を直ちに弁済することとする。

① 本契約に基づく割賦弁済金の支払いを3回以上延滞させたとき

② 破産手続、民事再生手続、会社更生手続もしくは特別清算の開始の申立があり、または第三者に申し立てられたとき

③ 手形または小切手に不渡りがあるとき

④ 差押を受けたとき

⑤ 住所変更の届出を怠り、虚偽の住所変更の届出を行い、または所在が不明となったとき

⑥ その他、本契約に基づく債権を保全する必要があると認められるとき

第5条（強制執行認諾約款）乙および丙は、本契約上の金銭債務を履行しないときは、直ちに強制執行に服するものとする。

第6条（公正証書の作成）甲乙丙は、本契約の内容につき、公正証書を作成することに合意し、公正証書の作成にかかる費用については、甲および乙が折半により負担するものとする。

第7条（合意管轄）甲乙丙は、本契約における権利義務に紛争が生じた場合、甲の住所地を管轄する地方裁判所を第一審裁判所とすることに合意する。

以上

本旨外要件

　　住　　所　　　東京都○○区○○町○丁目○番○号

　　職　　業　　　会社員

　　貸　　主　　　○○○○　㊞

　　　　　　　　　昭和○○年○月○日生

上記の者は運転免許証を提出させてその人違いでないことを証明させた。

　　住　　所　　　○○県○○郡○町○丁目○番○号

　　職　　業　　　会社員

　　借　　主　　　××××　㊞

　　　　　　　　　昭和○○年○月○日生

上記の者は印鑑証明書を提出させてその人違いでないことを証明させた。

　　　　住　所　　○○県○○市○○町○丁目○番○号
　　　　職　業　　会社員
　　　　連帯保証人　　△△△△　　㊞
　　　　　　　昭和○○年○月○日生
　上記の者は印鑑証明書を提出させてその人違いでないことを証明させた。
　上記列席者に閲覧させたところ、各自その内容の正確なことを承認
し、下記に署名・押印する。

　　　　　　　　　　　　　　　　　　　　　　　○○○○　　㊞
　　　　　　　　　　　　　　　　　　　　　　　×××　　　㊞
　　　　　　　　　　　　　　　　　　　　　　　△△△△　　㊞

　この証書は、令和○年○月○日、本公証役場において作成し、下記
に署名・押印する。
　　　　　　　　　　　　東京都○○区○○町○丁目○番○号
　　　　　　　　　　　　東京法務局所属
　　　　　　　　　　　　公証人　　○○○○　　㊞

────────────────────────────────

　この正本は、令和○年○月○日、貸主○○○○の請求により下記本
職の役場において作成した。

　　　　　　　　　　　　　　　　　　東京法務局所属
　　　　　　　　　　　　公証人　　○○○○　　㊞

｜P｜o｜i｜n｜t｜

1　契約の成立要件について

　金銭消費貸借契約を公正証書にするときには、契約成立の要件（第1
条）や、利息、遅延損害金（賠償年率）、約定期日、期限の利益の喪失
などを取り決めておくことが大切です。

　消費貸借契約とは、当事者の一方（借主）が種類、品質および数量の
同じ物をもって返還することを約束し、相手方（貸主）から金銭その他
の物を受け取ることによって成立する契約です（民法587条）。消費貸
借契約が成立するためには、書面による場合を除き、借主が貸主から受

け取った目的物と同種・同等・同量の物を返還するという内容の合意と、目的物を実際に交付することが必要とされています。

そして、金銭消費貸借契約は、消費貸借契約のうち目的物が金銭であるものを指し、当事者間で金銭の授受がなければ成立しないのが原則です。しかし、最高裁判例は、当事者間の合意だけで金銭消費貸借契約を成立させることを認めています。これをふまえ、平成29年成立の改正民法では、書面による消費貸借契約であれば、当事者間の合意だけで成立することが明記されました（民法587条の2）。公正証書などの書面により消費貸借契約を締結すれば、締結後に金銭の授受をしてもよいわけです。

2　利息は利息制限法の範囲内（第2条1項⑤～⑦）

金銭の貸し借りには利息がつくことがあります。親しい友人間による消費貸借契約などを除き、利息をつけるのが基本ですが、利息についても利率などを公正証書に記載することが大切です。利息の取り決めがない場合には、利息がつかないのが原則です。しかし、株式会社同士などの商人間の消費貸借契約の場合は、利息の取り決めがなくても、年利3％（年3％の利率）による利息がつきます。

ただし、当事者間において設定する年利（1年単位の利率）については、利息制限法による制限を受けることに注意を要します。利息制限法の制限は当事者間の合意に優先するものです。

・元本が10万円未満の場合：年利20％
・元本が10万円以上100万円未満の場合：年利18％
・元本が100万円以上の場合：年利15％

たとえば、元本100万円の金銭消費貸借契約において、年利20％の利率を設定しても、年利18％を超える部分が無効となるため、このような公正証書の作成はできません。

3　遅延損害金などを定める場合の上限は利息の年利×1.46（第2条1項⑧～⑨）

遅延損害金とは、金銭債務の不履行（支払いが遅れること）がある場合に、元本に対して一定の率を掛け合わせた金銭を、支払いが遅れた期間に比例して支払うという損害金です。利息との違いですが、利息は約定期日（支払日）までの元本の使用料であるのに対し、遅延損害金は約

定期日から実際に支払う日までの損害金のことです。

　遅延損害金は利率（賠償利率）で表現し、公正証書に記載しておくことができます。ただし、利息制限法の定めにより、遅延損害金を含めた賠償金についてあらかじめ定める場合（賠償額の予定）、その年利は「利息の年利×1.46倍」という上限があるため、これを超える利率を公正証書に記載することはできません。たとえば、借金が10万円以上100万円未満の場合には、「18％×1.46＝26.28％」が上限になります。

4　「期限の利益の喪失」約款（第４条）

　金銭消費貸借契約に基づいて借り入れた金銭は、分割で返済することが多くなっています。これは債務者（借主）が無理なく返せるようにという配慮があってのことです。しかし、必ずしも誠実に毎回返済してもらえるとは限りません。

　そこで、公正証書を作成する際に、期限の利益の喪失約款をつけておくことで対応します。期限の利益とは、返済期限が到来するまでは返済を待ってもらえるという債務者にとってのメリット（利益）のことです。しかし、期限の利益の喪失約款を設けることで、分割返済中に返済が滞るなどした場合、債権者は、債務者の期限の利益を失わせた上で、直ちに残金すべての返済を請求することができます。

■ 期限の利益の喪失（第４条①に該当する場合）……………………

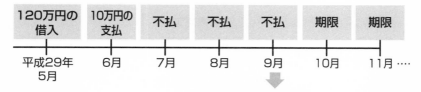

残債務100万円を一括で支払う

準消費貸借契約公正証書

　本公証人は、当事者の嘱託により、その法律行為に関する陳述の趣旨を録取し、この証書を作成する。

　○○物産株式会社を甲、△△商事株式会社を乙、××金属株式会社を丙として、各当事者間において、乙の甲に対する○○○○の売掛金債務に関して、次のとおり準消費貸借契約を締結した。

第1条（本契約の締結目的） 本契約は、甲が乙に対して有する売掛金債権を通常の貸金債権に切り替えることを目的とする。

第2条（前条の債務の確認） 乙は甲に対し、前条における未払売掛金債務が存在することをここに確認する。

　　　　令和○年○月○日現在

　　　　○○の継続的取引に基づく未払売掛金債務金○○○○円

第3条（準消費貸借の合意） 甲および乙は、乙が負担する前条の売掛金債務を金銭消費貸借に切り替えることに合意する。

第4条（弁済の方法） 乙は、甲に対し、前条により発生した債務を以下のとおり分割して甲指定の銀行口座に送金して支払うこととする。ただし、乙が甲の住所地に持参して弁済を行うことを妨げない。

　①　　令和○年○月から令和○年○月まで毎月○日限り各金○○○○円宛

　②　　令和○年○月○日限り金○○○○円宛

第5条（利息） 利息は年○○％の割合とし、毎月○日限り当月分を支払うこととする。

第6条（遅延損害金） 期限を経過したとき、または期限の利益を失ったときは、以後完済に至るまで、甲は、乙に対し、残元金に対する年○○％の割合による遅延損害金を請求することができる。

第7条（連帯保証） 丙は、第3条により、乙が甲に対して負担する一切の債務につき、乙と連帯してこれを保証する。

第8条（期限の利益の喪失） 乙について次の事由の一つが生じた場合には、甲からの催告がなくとも、乙および丙は当然に期限の利益を失い、直ちに残額すべてを支払う。

① 債務の支払いを1回でも怠ったとき
② 他の債務につき仮差押、仮処分または強制執行を受けたとき
③ 営業取消処分その他の不利益処分を受けたとき
④ 公租公課の滞納処分を受けたとき
⑤ 破産、民事再生もしくは会社更生手続の開始もしくは特別清算の開始の申立をし、または第三者に申し立てられたとき
⑥ 自己の振り出した手形・小切手が不渡りとなったとき

第9条（強制執行認諾約款） 乙及び丙は、本契約による金銭債務を履行しない場合、直ちに強制執行を受けても異議のないことを認諾する。

第10条（合意管轄） 本契約に関し当事者間の権利義務に関して紛争が生じたときは、甲の住所地を管轄する地方裁判所を第一審の管轄裁判所とすることに各当事者は合意する。

第11条（協議） 本契約に定めのない事項に関しては、甲乙の双方が協議してこれを定める。丙は自己に不利益がおよぶと判断した場合には、異議を述べることができる。

以上

本旨外要件

住　　所　　○○県○○市○○町○丁目○番○号
貸　　主　　○○物産株式会社
上記代表取締役　　○○○○　　㊞
住　　所　　○○県○○市○○町○丁目○番○号
　　　　　　昭和○○年○月○日生

上記の者は印鑑証明書を提出させてその人違いでないことを証明させた。

住　　所　　○○県○○市○○町○丁目○番○号
借　　主　　△△商事株式会社
上記代表取締役　　△△△△　　㊞
住　　所　　○○県○○市○○町○丁目○番○号
　　　　　　昭和○○年○月○日生

上記の者は印鑑証明書を提出させてその人違いでないことを証明させた。
　　住　　所　　　○○県○○市○○町○丁目○番○号
　　連帯保証人　　　××金属株式会社
　　上記代表取締役　××××　㊞
　　住　　所　　　○○県○○市○○町○丁目○番○号
　　　　　　　　　昭和○○年○月○日生
　上記の者は印鑑証明書を提出させてその人違いでないことを証明させた。
　上記列席者に閲覧させたところ、各自その内容の正確なことを承認
し、下記に署名・押印する。

○○○○　　㊞

△△△△　　㊞

××××　　㊞

　この証書は、令和○年○月○日、本公証役場において作成し、下記
に署名・押印する。

○○県○○市○○町○丁目○番○号

○○法務局所属

公証人　　　○○○○　　㊞

　この正本は、令和○年○月○日、貸主○○物産株式会社の請求によ
り下記本職の役場において作成した。

○○法務局所属

公証人　　　○○○○　　㊞

Point

1　準消費貸借契約への切り替え

　準消費貸借契約とは、金銭その他の物を給付する義務を負う者がある
場合に、当事者がその物を消費貸借の目的とすることを合意する契約で
す（民法588条）。

　たとえば、乙が甲から不動産を買った場合、本来は乙が甲に対して売

買代金を支払わなければなりませんが、売買代金を支払っていない段階で、乙が甲から売買代金の分だけ借金をしたことにするのが準消費貸借契約です。つまり、もともとある債務を消費貸借契約に基づく債務として処理するという契約です。

　準消費貸借契約と金銭消費貸借の違いは、準消費貸借契約が書面によらずとも当事者の合意だけで成立する他は、一般に問題とされることはありません。公正証書を作成する手続きの面でも、消費貸借契約を締結する場合に準じた手続きをとることになります。

2　旧債務の特定

　準消費貸借契約の公正証書を作成する際の注意点は、金銭消費貸借契約の公正証書を作成する場合とほぼ同じですが、旧債務の内容をはっきり特定できるようにしておくことは必要です（第1条・第2条）。たとえば、未払いの売買代金（代金支払債務）を準消費貸借に切り替える場合は、未払いの売買代金が旧債務になります。

　もっとも、旧債務の存在がはっきりしていても、それが法律的に無効なものであれば、新債務は成立しません。つまり、このような旧債務を対象とする準消費貸借契約は無効ということになります。

■ 準消費貸借契約のしくみ ……………………………………………

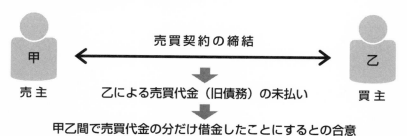

債務弁済契約公正証書

　本公証人は、当事者の嘱託により、その法律行為に関する陳述の趣旨を録取し、この証書を作成する。

第1条（趣旨） 債権者○○○○株式会社（以下「甲」とする）、債務者△△△△株式会社（以下「乙」とする）、連帯保証人××××（以下「丙」とする）は、以下のとおり、債務弁済契約を締結する。

第2条（債務内容） 乙は、令和○年○月から令和○年○月に至る商品卸売契約に基づき甲に対して発生した代金債務のうち、未払残代金○○○万円の債務（以下「本件債務」とする）を負担することを承認し、以下の条項に定めるところに従い、弁済することを約した。

第3条（支払方法） 乙は、本件債務を、令和○年○月より毎月末日限り、金○○万円ずつの分割払いによって弁済するものとする。

2　本件債務の利息は年○％とし、本件債務とともに毎月末日限り弁済する。

第4条（期限の利益の喪失） 乙について下記各号のいずれかに該当する事由が生じた場合、乙は、当然に期限の利益を喪失し、甲からの催告がなくとも、直ちに元利金を完済すべきものとする。

①　前条の割賦金又は利息の支払いを1回でも怠ったとき

②　競売、強制執行、差押もしくは仮差押の申立てを受け、又は手形もしくは小切手の不渡処分を受けたとき

③　破産手続、民事再生手続、会社更生手続又は特別清算の開始の申立てがあったとき

第5条（連帯保証人） 丙は、本契約による乙の甲に対する一切の債務を保証し、乙と連帯して債務の履行をすることに合意する。

第6条（強制執行認諾約款） 乙及び丙は、本契約による金銭債務を履行しない場合、直ちに強制執行を受けても異議のないことを認諾する。

以上

本旨外要件

住　　所　　東京都○○区○○町○丁目○番○号

債権者　　　○○○○株式会社

上記代表者代表取締役　○○○○　㊞

住　　所　　東京都○○区○○町○丁目○番○号

昭和○○年○月○日生

上記の者は印鑑証明書を提出させてその人違いでないことを証明させた。

住　　所　　○○県○○郡○町○丁目○番○号

債務者　　　△△△△株式会社

上記代表者代表取締役　△△△△　㊞

住　　所　　○○県○○郡○町○丁目○番○号

昭和○○年○月○日生

上記の者は印鑑証明書を提出させてその人違いでないことを証明させた。

住　　所　　○○県○○市○○町○丁目○番○号

連帯保証人　××××　㊞

昭和○○年○月○日生

上記の者は印鑑証明書を提出させてその人違いでないことを証明させた。

上記列席者に閲覧させたところ、各自その内容の正確なことを承認し、下記に署名・押印する。

○○○○　㊞
△△△△　㊞
××××　㊞

この証書は、令和○年○月○日、本公証役場において作成し、下記に署名・押印する。

東京都○○区○○町○丁目○番○号
東京法務局所属
公証人　○○○○　㊞

この正本は、令和○年○月○日、売主○○○○株式会社の請求により下記本職の役場において作成した。

東京法務局所属

Point

1　債務弁済契約について

　債務弁済契約とは、債務の弁済の方法を決める契約のことです。たとえば、売買代金の支払い、借金の支払い、その他何らかの金銭を支払う義務がある場合の契約です。

　金銭消費貸借契約は、借金の返済に関する契約ですが、債務弁済契約は、損害賠償金や請負代金など、さまざまな金銭の支払いを対象にした幅広い概念の契約です。債務者による支払いが滞れば債権者は不安になり、損害も発生するため、前もって支払方法を決め、債権者に安心感を与えつつ、債務者に支払義務があるのを明確にするための契約といえます。

2　債務弁済契約の注意点

　債務弁済契約を公正証書で作成する場合には、以下のように、債務内容（契約内容）の明確化や、利息や返済期間に関係する内容の他、保証人や連帯保証人の有無についても注意が必要です。

①　債務内容（契約内容）を明確にする（第2条）

　消費貸借契約の場合と同様、当事者の一方が債務を負担していることを明確にし、その上で債務弁済契約を締結することを示します。売買代金債務であれば、売買契約の内容を改めて確認しておきます。

　さらに、債務の弁済をどのようにして行うかを記載します。具体的には、支払期限、支払回数、各回の支払額などを記載します。記載内容が不明確である場合は、公正証書にできないことや、期待どおりの法的効果が発生しないことがあるので、明確にしておくことが必要です。今までの支払方法などを変更するものであれば、その変更点もあわせて明記します。

②　利息・遅延損害金・期限の利益の喪失約款（第3条2項、第4条）

　支払われるはずのお金が支払われないリスクが高い場合に、債務弁済契約公正証書を作成することがあります。債権者は常にお金が支払われない（借金が返済されないなど）リスクと隣り合わせなので、そのリスク分の意味で利息をつけておくことが考えられます。

平成29年改正民法（施行日は令和２年４月１日）では、法定利率を施行時に年３％へ引き下げ、その後は市場金利の変動をふまえ、３年ごとに１％刻みで見直す変動制を採用することにしました。この法定利率は民事・商事の区別なく一律に適用されるため、商事法定利率（年６％）に関する商法の規定は削除されました。したがって、令和２年４月１日以降に締結する場合は、当事者が商人同士（会社同士など）の債務弁済契約であっても、民法の法定利率に関する規定が適用されるようになったことに注意を要します。もっとも、民法改正により３年ごとに法定利率が変わるとしても、具体的な債権に対する利息や遅延損害金は、原則として利息や遅延損害金が生じた最初の時点の利率で固定され、途中で利率が変わることはありません。

　なお、債務弁済契約によって支払方法を見直すケースでは、一般的に支払期限を延ばすという方向で見直しをすることが多く、この場合には利息の利率を引き上げることがあります。

　その他、債権者の自衛のため、遅延損害金（55ページ）や期限の利益の喪失約款（56ページ）を記載することが大切です。遅延損害金は、支払いが遅れたことで債権者が受けた損害に対し支払われるお金ですが、あらかじめ遅延損害金を定めることで、債権者が受けた損害を証明する手間が省けます。

③　連帯保証（第５条）

　債務の弁済について、保証人や連帯保証人をつける場合もあります。とくに債務者に強制執行できる不動産などの財産がない場合は、連帯保証人をつけておくと無難です。連帯保証人であれば、支払遅延が生じたときに、連帯保証人に直接支払いを求めることができます。

　なお、保証契約や連帯保証契約は独立した契約なので、一つの公正証書にせず、債務弁済契約とは別個に作成してもかまいません。

求償債務履行契約公正証書

求償債務履行契約公正証書

　本公証人は、当事者の嘱託により、その法律行為に関する陳述の趣旨を録取し、この証書を作成する。

第1条（連帯保証債務）　債権者○○○○（以下「丙」という）が債務者○○○○（以下「乙」という）に対して有する、令和○年○月○日付の金銭消費貸借契約から生じる一切の債務を、連帯保証人○○○○（以下「甲」という）は、乙の委託に基づいて連帯保証をした。

① 　借入金　金○○○円

② 　借入日　令和○年○月○日

③ 　支払期日　令和○年○月○日まで

④ 　利息　年○○％を元金と同時に支払う

⑤ 　遅延損害金　年○○％

第2条（求償権）　乙は、甲が前条の連帯保証債務を履行したときは、甲の弁済金額に年○○％の金員を付して、直ちに甲に支払うこととする。

第3条（期限の利益の喪失）　乙に次の各号のいずれかが発生したときは、乙は当然に期限の利益を失い、甲は丙に弁済し、乙に対して求償権を行使することができる。

① 　丙に対する債務の履行ができないとき

② 　強制執行、競売又は破産手続開始の申立てがあったとき

第4条（強制執行認諾）　乙は、本契約による金銭債務の履行をしないときは、直ちに強制執行に服する旨を陳述した。

第5条（公証人費用）　本契約締結にあたり、公証人に支払う所要の費用については、甲乙は折半によりこれを負担する。

第6条（裁判管轄）　本契約に関する紛争については、○○裁判所を第一審の管轄裁判所とすることに合意した。

以上

＜以下、本旨外要件省略＞

1　求償権の履行

　一般に他人の債務を代わりに弁済した者が、その他人に対して弁済した分の返還を請求する権利のことを求償権といいます。この他人が求償権を履行することを約束する契約が、本書式にある「求償債務履行契約」です。本来支払うべき者（他人）に対する求償権を認めることで、代わりに弁済した者（弁済者）の利益を保護しています。求償権が生じるおもなケースとして、以下の2つがあります。

①　連帯債務者の求償権

　数人の債務者が、性質上可分な債務（おもに金銭債務）について、各自がその債務の全額を弁済する義務を負うという債務を連帯債務といいます。連帯債務の場合、債権者に対しては全額の弁済義務を負いますが、債務者間では各自の負担部分を決めることができます。債務者間で取り決めがない限り、負担部分は平等とされます。そして、ある債務者が自己の財産をもって債権者に弁済した場合には、各自の負担部分に応じた額について、他の債務者に求償することが可能になります。

②　保証人の求償権

　債務者が債務を履行しない場合に、その債務について債務者の代わりに履行する義務を負う人のことを保証人といいます。保証人が債務者の代わりに債務の弁済を行い、債務を消滅させた場合に、保証人が債務者に対する求償権を取得します。求償権の範囲について、平成29年改正民法では、債務者から委託（依頼）を受けた保証人が、債務者の代わりに自己の財産をもって債務を消滅させた場合、債務者に求償できる額は「債務を消滅させるために支出した財産の額」（財産の額が債務額を超えるときは債務額）であることが明確化されました。

　求償権は債務を消滅させた後に取得する事後求償が原則です。ただし、債務者から委託を受けて保証人になった者には、一定の要件を満たす場合に事前求償権が認められています。

　これに対し、債務者から委託を受けないで保証人になった者が債務を消滅させた場合、事後求償をする権利は認められますが、求償できる額について異なる扱いがなされています。

2 求償債務履行契約の注意点

　よく利用されるのが、買主が金銭を借り入れて商品を購入する際、保証会社（信販会社や消費者金融会社など）が借入債務について保証人となるケースです。保証会社が代わりに債務を消滅させた際の求償権を確保するため、求償債務履行契約の公正証書を作成することがあります。求償債務履行契約の公正証書を作成する際の注意点として、以下のものがあります。

① 契約内容を明確にする（第1条、第2条）

　どのような債務を履行した時に求償権が発生するのかを明記します。

② 求償権の内容を明確にする（第2条）

　前述したように、求償権にもさまざまなものがあります。とくに債務の弁済前に債務者に対して求償権を行使する事前求償権を確保しておきたい場合には、その旨を明記します。

③ 求償権を行使できる条件を明確にする（第3条）

　どのような場合に求償権を行使できるのかについて明記します。とくに債務者が期限の利益を喪失する場合（56ページ）について明らかにしておくとよいでしょう。

■ 弁済による代位 ···

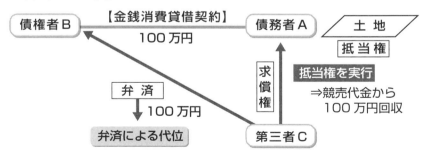

弁済を行った第三者が、債務者に対する求償権を確保するために債権の効力や担保として債権者が有していた一切の権利を行使できる

債権譲渡契約公正証書

債権譲渡契約公正証書

　本公証人は、当事者の嘱託により、その法律行為に関する陳述の趣旨を録取し、この証書を作成する。

　○○興業株式会社（以下「甲」という）と株式会社△△（以下「乙」という）は、次のとおり債権譲渡契約を締結した。

第1条（本契約の目的）　本契約は、甲が有する下記債権を、乙に対し、代金○○○○円で売り渡し、乙がこれを買い受けることを目的として締結されることとする。

記

〈債権の表示〉

　　甲と××株式会社（以下「丙」という）との間の令和○年○月○日付金銭消費貸借契約に基づいて、甲が丙に対して有する貸金債権及び令和○年○月○日以降の年○分の割合による利息債権

第2条（本債権の対抗要件）　甲は、本契約成立後遅滞なく、丙に対して前条の債権譲渡の通知をするか、または、丙から債権譲渡の承諾を得なければならない。

2　前項の通知および承諾は、確定日付ある証書をもってしなければならない。

第3条（本契約の解除）　丙が、第2条所定の通知を受けるまでに甲に対して生じた事由をもって乙に対抗したときは、乙は、何らの催告を要せず直ちに本契約を解除することができる。

以上

＜以下、本旨外要件省略＞

1 債権譲渡について

　債権は原則として譲渡が可能です。そして、債権譲渡の際に債権の譲渡人と譲受人の間で結ぶ契約を債権譲渡契約といいます。

　債権譲渡にあたっては、譲渡人から債務者に債権譲渡をした事実を通知するか、または債務者が債権譲渡をした事実を承諾する必要があります。債務者以外の第三者に債権譲渡の事実を主張するには、後述するように確定日付のある証書による通知または承諾が必要です。

　もっとも、債権者と債務者との間で、債権譲渡を禁止あるいは制限するという譲渡制限特約（譲渡禁止特約）を結ぶことができます。これによって、譲渡制限特約に違反する債権譲渡が行われても、譲受人が譲渡制限特約の存在を知っていたか、または重大な落ち度があって知らなかった（悪意または重過失）場合に、債務者は、譲受人に対する弁済を拒絶できます。しかし、言い換えると、譲受人が譲渡制限特約の存在を知らず、かつ知らないことについて重大な落ち度がなかった（善意かつ無重過失）場合、債務者は、譲受人に対する弁済を拒絶できなくなる点に注意を要します。

　平成29年改正民法により、譲渡制限特約に違反する債権譲渡の法的性質が、「この債権譲渡は無効だが、善意かつ無重過失（譲渡禁止の事実を知らず、知らないことについて重大な落ち度がないこと）の譲受人には無効を主張できない」から、「この債権譲渡は有効だが、悪意または重過失の譲受人からの請求は拒絶できる」（466条2項、3項）という形に変わりました。しかし、譲受人の主観的事情により、債務者が譲受人に対する弁済を拒絶できるか否かが変わる点は共通しています。

2 債権譲渡契約の注意点

　債権譲渡契約を公正証書にするときは、以下の点に配慮します。

① 債権の譲渡の可否を確認する

　譲渡制限特約がある場合、譲受人の債務者に対する弁済が制約されることがあります。その他、扶養請求権や生活保護受給権のように、法律によって譲渡が禁止される債権や、画家に絵を描かせる債権のように、性質上譲渡が禁止される債権があります。

② 債権を特定する（第1条）

　できるだけ明確に譲渡の対象になる債権を特定します。具体的には、当事者（債権者・債務者）、日付、債権発生原因の契約などを明記します。

③ 債務者への通知または債務者の承諾（第2条）

　債権譲渡が行われた場合は、譲渡人から債務者に通知するか、債務者から譲渡人または譲受人への承諾が必要です。そのため、通知または承認を得ることを明記します。さらに、通知または承認は、確定日付（その日に文書が存在していたことを公的に証明するもの）のある証書によらなければ、同じ債権を確定日付ある証書による通知または承諾により譲り受けた第三者に債権の取得を主張できなくなります。

　そのため、確定日付のある証書として認められている内容証明郵便（だれが、いつ、どのような内容の文書を送ったのかを証明する手紙）を用いて通知するのが一般的ですが、譲渡人・譲受人・債務者の三者間で公正証書を作成するのも一つの方法です。公正証書も確定日付のある証書なので、譲渡人から同じ債権を譲り受けた第三者よりも早い日付となる三者間の公正証書を作成すれば、譲受人は、その第三者に対し債権を譲り受けたことを主張できます。

■ 債権譲渡のしくみ ……………………………………………

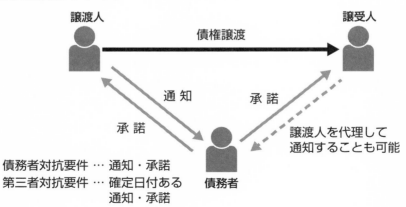

譲渡人　　　　債権譲渡　　　　譲受人

通　知　　　承　諾

承　諾

譲渡人を代理して
通知することも可能

債務者対抗要件 … 通知・承諾
第三者対抗要件 … 確定日付ある
　　　　　　　　　通知・承諾

債務者

抵当権設定契約公正証書

　本公証人は、当事者の嘱託により、その法律行為に関する陳述の趣旨を録取し、この証書を作成する。

第1条（契約の趣旨）　抵当権設定者○○○○（以下「甲」という）は、抵当権者○○○○（以下「乙」という）に対し、次の乙に対する債務を担保するため、甲の所有する後記不動産に、第○番順位の抵当権（以下「本抵当権」という）を設定する。

① 　契約の種類　○○契約

② 　債務者　甲

③ 　契約日　令和○年○月○日

④ 　金額　金○○万円

⑤ 　弁済期　令和○年○月○日

⑥ 　利息　年利○％

⑦ 　損害金　年利○％

第2条（登記）　甲は、本契約締結後速やかに抵当権設定登記手続を行う。

２　前項の登記手続に要する費用は甲の負担とする。

第3条（抵当物件の維持）　甲は、乙の書面による承諾がなければ、後記不動産の現状を変更せず、第三者のための権利の設定又は第三者への権利の譲渡を行わない。

２　甲は、後記不動産が滅失又は毀損したときは、直ちに乙にその旨通知するものとする。滅失又は毀損のおそれがあるときも同様とする。

３　後記不動産に関し、収用、区画整理等の事情により、立退料、補償金等の債権が発生した場合、甲は、乙のために当該債権を譲渡する。

第4条（抵当権の変更・処分）　乙は、本抵当権の譲渡又は放棄及び本抵当権の順位の譲渡又は放棄等、本抵当権の処分又は変更を行うことができる。甲は、乙からこれらの申出があったときは、これに同意し、協力する。

第5条（抵当物件の調査） 乙は、後記不動産への立入り調査又は後記不動産に関する報告を甲に求めることができ、甲はこれに協力する。

第6条（公証人費用） 本契約締結にあたり、公証人に支払う所要の費用については、甲乙は折半によりこれを負担する。

第7条（裁判管轄） 本契約に関する紛争については、○○裁判所を第一審の管轄裁判所とすることに合意した。

第8条（誠実協議） 本契約に定めのない事項は、民法その他の法律や規則、一般的慣行に従い、甲及び乙は誠意をもって協議し、解決に努めることとする。

以上

記

土　地

　　所　在　○○県○○市○○町○丁目

　　地　番　○番○

　　地　目　○○

　　地　積　○○．○○㎡

本旨外要件

　　住　所　○○県○○市○○町○丁目○番○号

　　職　業　会社員

　　抵当権者　○○○○　㊞

　　昭和○○年○月○日生

上記の者は印鑑証明書を提出させてその人違いでないことを証明させた。

　　住　所　○○県○○市○○町○丁目○番○号

　　職　業　会社員

　　抵当権設定者　○○○○　㊞

　　昭和○○年○月○日生

上記の者は印鑑証明書を提出させてその人違いでないことを証明させた。

　上記列席者に閲覧させたところ、各自その内容の正確なことを承認し、次に署名・押印する。

○○○○　㊞

○○○○　㊞

この証書は、令和○年○月○日、本公証役場において作成し、次に署名・押印する。

○○県○○市○○町○丁目○番○号

○○法務局所属

公証人　　○○○○　　㊞

　この正本は、令和○年○月○日、抵当権者○○○○の請求により本職の役場において作成した。

○○法務局所属

公証人　　○○○○　　㊞

▐Ｐｏｉｎｔ▌

1　担保の役割

　貸した側（債権者）が、借りた側（債務者）から貸したお金（債権）を返済してもらえないときに、債権の代わりになるものを「担保」として受け取れるように定めておく方法があります。

　担保には人的担保と物的担保があります。人的担保は、保証人（または連帯保証人）のことです。債務者が返済を滞らせたときに、債権者は保証人に対して返済するよう請求することができます。人的担保は、物的担保と比べて簡単に設定できるため、債権者としては、債務者の資力に不安がある場合、保証人を立てさせる（できれば複数の保証人を用意してもらう）ことで、債権の取立てを確実にすることができます。もっとも、保証人の資力によって債権の取立てができるか否かが決まるので、物的担保と比べて担保としては不確実であるというデメリットがあります。

　一方、物的担保とは、不動産、動産、債権、営業権などの権利を売却するなどして、その対価を債務の返済にあてるもので、抵当権や根抵当権は不動産に対して設定される物的担保にあたります。物的担保の長所は、他の債権者に優先して債権の取立てを実現できる点にあります。たとえば、抵当権が土地に設定されている場合、他に物的担保を設定していない債権者が多数存在しても、抵当権者が優先して配当を受け、その

他の債権者は残額から債権額に応じて配当を受けることになります。ただ、物的担保を主張するためには、原則としてその存在を登記などで世間一般に公示する必要があります。

2　抵当権とは

　身近な抵当権の例として挙げられるのが、住宅ローンを組んだときです。住宅を購入するとき、多くの人が銀行などの金融機関から購入資金を借ります。このとき、金融機関（債権者）と不動産を購入する人（債務者）の間では、金銭消費貸借契約が締結され、債務者は元金および取り決めた利息を月々支払っていくことになります。

　住宅ローンは数千万円という大金の貸付けになる上、通常は20年以上の長期間にわたって返済する契約です。契約当初は順調に返済できていたとしても、途中で債務者が勤める会社が倒産したり、債務者自身がリストラを受け、または事故や病気で働けない状態に陥ったりして、返済が滞る事態が起きることも予想されます。

　そこで、債権者は債務者が所有する住宅に抵当権を設定します。住宅ローンの場合は、購入する住宅及びその敷地に抵当権を設定することが多く、金銭消費貸借契約の締結（および借り受けた購入資金の売主への引渡し）と同時に抵当権の設定登記を行います。

　抵当権は、債務者が債権の弁済を滞らせたときに、対象不動産を競売にかけることができる権利ですので、債権者は、抵当権の設定により債権の取立てが一切不能となる危険を回避できるわけです。

3　抵当権設定契約の注意点

　抵当権は、金銭消費貸借契約などに基づく債権があって初めて設定が可能になります。このため、抵当権設定契約を締結するときは、債権発生原因となる契約といっしょに契約書を作成することも多いようです。このような場合はもちろん、とくに債権発生原因となる契約とは別に抵当権設定契約を結ぶ場合は、「どの債権に対する担保なのか」「だれの、どの財産に抵当権を設定するか」という点を明確にする必要があります。具体的には、次のような記載をするようにしましょう。

①　当事者の記載（第1条）

　抵当権設定契約に関係する抵当権設定者と抵当権者の氏名を記載しま

す。抵当権設定者は抵当権を設定する不動産の所有者で、債務者自身または担保の提供を承諾した第三者（物上保証人といいます）が該当します。他方、抵当権者に該当するのは債権者です。

② 被担保債権の特定（第1条）

　被担保債権とは、抵当権を設定する原因となった債権（債務）のことで、金銭消費貸借契約における貸金債権（借金）などが該当します。金銭消費貸借契約であれば、借入金、借入年月日、返済期日、利率などの契約内容を具体的に記載することが必要です。

③ 不動産の表示

　抵当権設定の対象となる不動産の登記事項証明書に記載された不動産に関する情報を公正証書に記載します。公正証書の原本には、証明書自体も添付しておくことが多いようです。

■ 抵当権のしくみ ……………………………………………………

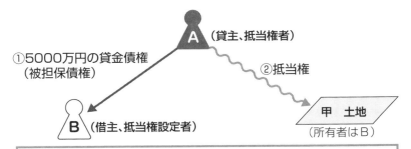

①5000万円の貸金債権（被担保債権）

Ａ（貸主、抵当権者）

②抵当権

甲　土地
（所有者はＢ）

Ｂ（借主、抵当権設定者）

　ＡＢ間で①金銭消費貸借契約（融資契約）と②抵当権設定契約を結ぶ。Ａを「抵当権者」、Ｂを「抵当権設定者」、5000万円の貸金債権を「被担保債権」という。

根抵当権設定契約公正証書

根抵当権設定契約公正証書

　本公証人は、当事者の嘱託により、その法律行為に関する陳述の趣旨を録取し、この証書を作成する。

第1条（契約の趣旨）　根抵当権設定者○○○○（以下「甲」という）は、根抵当権者○○○○（以下「乙」という）に対し、次の甲の乙に対する債権を担保するため、甲の所有する後記不動産に第○番順位の根抵当権を設定する。

①　被担保債権の範囲　○○の事業に関する融資に基づく債権

②　債務者　甲

③　極度額　金○○万円

④　元本確定期日　令和○年○月○日

第2条（登記）　甲は、本契約締結後速やかに根抵当権設定登記手続を行う。

2　前項の登記手続に要する費用は甲の負担とする。

第3条（根抵当物件の維持）　甲は、乙の書面による承諾がなければ、後記不動産の現状を変更せず、第三者のための権利の設定又は第三者への権利の譲渡を行わない。

2　甲は、後記不動産が滅失又は毀損したときは、直ちに乙にその旨通知するものとする。滅失又は毀損のおそれがあるときも同様とする。

3　後記不動産に関し、収用、区画整理等の事情により、立退料、補償金等の債権が発生したときは、甲は乙のために、当該債権を譲渡する。

第4条（根抵当権の変更・処分）　乙は、本根抵当権に関し、譲渡、一部譲渡又は被担保債権の範囲の変更等、本件根抵当権の処分又は変更を行うことができる。甲は、乙からこれらの申出があったときは、これに同意し、協力する。

第5条（通知）　甲及び乙は、甲、乙のいずれかに相続、合併又は会社分割のあったことを知ったときは、直ちに相手方に対し、その旨を通

知する。

第6条（根抵当物件の調査）　乙は、後記不動産への立入り調査又は後記不動産に関する報告を甲に求めることができ、甲はこれに協力する。

第7条（公証人費用）　本契約締結にあたり、公証人に支払う所要の費用については、甲乙は折半によりこれを負担する。

第8条（裁判管轄）　本契約に関する紛争については、○○裁判所を第一審の管轄裁判所とすることに合意した。

第9条（誠実協議）　本契約書に定めのない事項については、民法その他の法律や規則、一般的慣行に従い、甲及び乙は誠意をもって協議し、解決に努めることとする。

以上

記

　　土　　地
　　所　　在　　○○県○○市○○町○丁目
　　地　　番　　○番○
　　地　　目　　○○
　　地　　積　　○○．○○㎡

本旨外要件

　　住　　所　　○○県○○市○○町○丁目○番○号
　　職　　業　　会社員
　　根抵当権者　　○○○○　　㊞
　　昭和○○年○月○日生

上記の者は印鑑証明書を提出させてその人違いでないことを証明させた。

　　住　　所　　○○県○○市○○町○丁目○番○号
　　職　　業　　会社員
　　根抵当権設定者　　○○○○　　㊞
　　昭和○○年○月○日生

上記の者は印鑑証明書を提出させてその人違いでないことを証明させた。

　上記列席者に閲覧させたところ、各自その内容の正確なことを承認し、次に署名・押印する。

○○○○　　㊞

〇〇〇〇　㊞

　この証書は、令和〇年〇月〇日、本公証役場において作成し、次に署名・押印する。

〇〇県〇〇市〇〇町〇丁目〇番〇号
〇〇法務局所属
公証人　　〇〇〇〇　㊞

――――――――――――――――――――――――――――――――

　この正本は、令和〇年〇月〇日、根抵当権者〇〇〇〇の請求により本職の役場において作成した。

〇〇法務局所属
公証人　　〇〇〇〇　㊞

Point

1　根抵当権と抵当権の違い

　不動産を債務の担保とする点では、根抵当権は普通の抵当権と共通しています。しかし、普通の抵当権が「特定の債務」を担保する権利であるのに対し、根抵当権はあらかじめ設定した金額（極度額）の枠内であれば、将来発生する可能性のある債務を含めた「不特定の債務」を担保することができる点で違いがあります。つまり、通常の抵当権と異なり、被担保債権の金額がゼロになっても、それだけでは根抵当権が消滅しないということです。根抵当権には極度額が設定されており、その極度額の枠内であれば、被担保債権が増減し、または入れ換わることができる権利であるからです。根抵当権は、継続的な取引をしている債権者と債務者の間で、その取引によって発生する複数の債務を一括して担保するのに非常に有益な制度だといえます。

　たとえば、ある花屋さんが開業資金を銀行から融資してもらったとします。このとき、銀行は花屋さんの店舗などを担保とするわけですが、事業を継続していると、途中で事業拡大のために配達用の自動車を数台購入したい、花を保管するために新型の冷蔵庫に買い換えたいなど、新たに融資を受ける必要が出てくることがあります。この場合に普通の抵

当権を設定すると、融資の返済が終了したら抵当権の消滅手続きを行い、再び融資を受けるときは改めて抵当権の設定手続きを行う、というように時間的にも経費的にも負担が大きくなります。その点、根抵当権を1回設定すれば、消滅・設定といった手続きを経ることなく、極度額の枠内で何度でも担保付きの融資を受けることができるので、債権者・債務者双方にとって使いやすいわけです。

2　根抵当権設定契約の注意点

　根抵当権設定の公正証書を作成する場合、普通の抵当権を設定するときと同様の内容を記載しますが、これに加えて、以下の事項を忘れずに記載することが求められます。

①　被担保債権の範囲を定める（第1条）

　根抵当権を設定すると、不特定の債権を根抵当権で担保することができますが、どんな債権でも担保できるのかというと、そうではありません。通常は「花屋の事業への融資のため」「花屋の店舗への商品の仕入れのため」など、同じ目的の債権が何度も発生するときに、根抵当権の設定が許されます。したがって、公正証書を作成する際にも、どの債権を根抵当権の対象として許容するのか、つまり「被担保債権の範囲」を明記しておく必要があります。

　たとえば、A社とB社が継続的に取引をしており、A社がB社に対して常に売掛金債権をもっているとします。そして、個々の売掛金債権が増減し、または入れ換わる場合に、根抵当権の被担保債権の範囲を「令和○年○月○日商取引基本契約」と決定し、この基本契約から生じる債権を被担保債権として、根抵当権設定登記を行います。

②　極度額を定める（第1条）

　極度額を定めなければ、根抵当権の効力が生じません。当事者間で思い違いがあると、トラブルになる可能性が非常に高いので、極度額をいくらにするのか、当事者間で合意した上で、必ずその金額を記載するようにしましょう。

譲渡担保設定契約公正証書

　本公証人は、当事者の嘱託により、その法律行為に関する陳述の趣旨を録取し、この証書を作成する。

第1条（譲渡担保）　債務者○○株式会社（以下「甲」という）は、債権者○○株式会社（以下「乙」という）に対し、後記債権明細に係る債務（以下「後記債務」という）を担保するため、甲の所有する後記物件目録に係る物件（以下「物件」という）を乙に譲渡し、占有改定の方法により、これを乙に引き渡した。

2　乙は、甲が後記債務を履行したときは、後記物件の所有権を甲に移転する。

3　乙は、甲が後記債務を履行しないときは、後記物件を任意に売却し、後記債務の弁済に充当することができる。この場合、売却額が残債務額を超えるときはその超過額を乙は甲に返還し、下回るときはその不足額を甲は乙に支払うものとする。

第2条（使用貸借）　乙は、甲に対し、後記物件を後記債務の弁済期まで無償で貸与することとし、甲はこれを借り受けた。

2　甲が後記債務を履行しない場合、乙は、前項の使用貸借契約を解除することができる。この解除が行われた場合、甲は、直ちに後記物件を乙に返還しなければならない。

第3条（物件の使用）　甲は、後記物件を本来の用法に従って使用する他、所定の場所で使用するものとし、後記物件を移転してはならない。

2　甲は、本契約の締結時から後記債務の弁済期までの間、善良な管理者の注意をもって、後記物件を管理しなければならない。

3　後記物件の使用にあたり必要となる保守、整備、修繕は、甲の費用により行うものとする。

4　甲は、保守、整備、修繕にあたり、後記物件に付着させた機器、部品等の所有権を乙に対し主張してはならない。

5　甲は、後記物件について、保守、整備、修繕の程度を超える改造その他形状、規格、性能等の変更を行ってはならない。

6　後記物件の使用に関連して、甲又は第三者が損害を被った場合、甲は、自己の責任と費用負担でこれを解決し、乙に何らの請求をしないものとする。

第4条（所有権の保全）　乙は、後記物件の点検確認のため、その設置場所にいつでも立ち入ることができる。

2　甲は、後記物件が乙の所有物であることを示す表示を、後記債務の弁済期までの間、後記物件に貼付することで行う。

3　甲は、本契約に基づく権利を第三者に譲渡してはならず、後記物件を第三者に売却、担保提供、転貸等してはならない。

4　甲は、第三者からの強制執行、滞納処分による差押え等に対しては、後記物件が乙の所有物であることを主張するとともに、乙に直ちに通知するものとする。

第5条（損害保険）　甲は、本物件に関し、甲の負担により、乙の選定する保険会社との間で、乙を被保険者とする損害保険契約を締結する。

2　前項の保険契約に定める保険事故が発生した場合、甲は、乙に直ちに通知するとともに、乙の保険金請求に必要となる書類を交付するなど、乙に協力するものとする。乙は、支払保険金を受け取ったときは、後記債務の弁済にこれを充当する。

第6条（乙による解除）　甲が次の各号のいずれかに該当した場合、乙は、催告をすることなく、直ちに使用貸借契約を解除することができる。この解除が行われた場合、甲は、直ちに後記物件を乙に返還しなければならない。

①　手形又は小切手が不渡りとなったとき

②　破産、特別清算、民事再生、会社更生等の開始の申立てを第三者が甲に対してしたとき、又は甲が自らしたとき

③　後記物件に対し、第三者から強制執行手続もしくは保全処分又は租税の滞納処分を受けたとき

④　関係官庁から営業停止、許可取消等の処分を受けたとき

⑤　経営状態が著しく悪化していると乙が認めたとき

⑥　本契約に定める条項について重大な違反があったとき

第7条（物件の返還）　第2条及び前条の規定により、甲が乙に後記物件を引き渡す際の費用は、甲が負担する。

第8条（通知義務）　甲は、次の各号のいずれかが発生したときは、直ちに、乙に対し書面により通知するものとする。

①　会社、会社代表者の住所、名称、氏名、電話番号の変更

②　会社の合併、分割

③　物件の滅失、毀損、盗難

④　第6条第1号から第6号までに定める事由（第5号を除く）

第9条（事業報告義務）　甲は、乙が求めたときは、損益計算書、貸借対照表等の決算書その他事業の概況を説明する資料及び物件の管理状況を説明する資料を、遅滞なく提出するものとする。

第10条（公証人費用）　本契約の締結にあたり、公証人に支払う所要の費用については、甲乙は折半によりこれを負担する。

第11条（裁判管轄）　本契約に関する紛争については、○○裁判所を第一審の管轄裁判所とすることに合意した。

第12条（誠実協議）　本契約に定めのない事項は、民法その他の法律や規則、一般的商慣行に従い、甲乙誠意をもって協議し、解決に努めることとする。

記

債権明細

　契約年月日　令和○年○月○日

　債権の種類　○○○○

　債権額　金○○○円

　弁済期　令和○年○月○日

```
    利　息　年利○％

    遅延損害金　年利○％

  物件目録

    品　名　○○○○

    数　量　○○○○

    製造番号　○○○○

    製造年月日　令和○年○月○日

                                                以上

            ＜以下、本旨外要件省略＞
```

Point

1　譲渡担保のしくみ

　譲渡担保設定契約とは、ある債権（債務）を担保する目的で、債務者が所有する物や権利を、一定の条件つきで債権者に譲渡する契約です。たとえば、ある工場の事業資金を融資する際に、債務者が所有する工場、工場が建っている土地、作業用機械などの所有権を、担保として債権者に移転することがあてはまります。

　民法に規定されている担保物権のみでは、取引上の必要性に対応できないケースがあります。しかし、当事者間の合意によって動産に関する担保物権を新設することは、「物権を新設できるのは、民法などの法律だけである」という基本原則（物権法定主義）に違反することになります。そこで、売買等の他の法律上の形式を利用しつつ、債権担保の目的のための手段の代表格として「譲渡担保」が考えられました。

　譲渡担保とは、担保目的物の所有権を形式上債権者に移転し、債務者には引き続き担保目的物を使用させるとともに、債務が返済されない場合に、競売手続を経ずに、担保目的物の引渡しを求め、または担保目的物の処分ができる（売却などができる）という担保権です。譲渡担保の目的物は、当事者間で合意すれば、不動産以外でもよいとされています。また、譲渡担保にあたっての条件は、所有権移転後も債務者に目的物の使用を認めることや、債務の全部が弁済されれば目的物の所有権を債務

者の元に戻すこと、といった点が挙げられます。

　譲渡担保契約に類似する契約として、抵当権設定契約や質権設定契約などがあります。債務者または第三者の所有する財産を担保の目的物とし、債権の弁済がされない場合に目的物を売却するなどして、債権の回収を図る点は同じです。しかし、抵当権や質権の場合は、担保の目的物の所有権者が債務者のままである点で違いがあります。

　もう一つ大きな違いとして、抵当権や質権が民法に規定された法律上の制度であるのに対し、譲渡担保は法律上に明確な規定がない点があります。このため、契約の内容は比較的当事者が自由に決められるわけですが、その分、契約書や公正証書など、書面の作成が重要な意味をもつことになるのです。

2　譲渡担保契約の注意点

　譲渡担保契約を締結するにあたって、公正証書の作成は非常に大切になりますので、とくに以下のような点について、十分注意しながら作成することが求められます。

①　清算義務（第1条3項）

　とくに土地などの高価格の財産を担保の目的物にする場合、債権が担保の目的物の価格よりも少なくても、目的物の一部だけを担保とすることはできない点に注意が必要です。たとえば、債権が500万円、債務者が所有する土地の価格が1000万円であるとしても、土地の半分だけを担保の目的物とすることは認められないわけです。

　しかし、500万円を返済できないことを理由に、1000万円の土地を取り上げられるだけでは、債務者にとってあまりに厳しい条件です。このため、「債権者は担保の目的物を処分することによって得られた利益から債権の弁済を受け、差額が出た場合は債務者に返還する」という債権者の清算義務を明確にした条項を契約書に盛り込みます。

②　集合物の範囲を特定する（第1条1項）

　担保の目的物を「倉庫内のブランドバッグ100点」「事務所内のパソコン50台」など、動産の集合物とすることがあります。この場合、目的物が債務者の事業で売買する商品で、在庫が常に変動していることもありますので、「何が担保の目的物になっているか」という点を特定し

ておく必要があります。具体的には、目的物の品名、型番、色、種類、数量、保管場所などを記載して特定します。

③ 公示する（第4条2項）

譲渡担保契約を締結すると、債権者に目的物を譲渡することになりますが、譲渡した目的物は債務者の手元にあります。そのため、債務者の手元にある目的物が、債務者の所有物でないことを周囲にわかるようにしておく必要があります。このことを公示といいます。

不動産を担保の目的物とするにあたって、第三者にその事実を主張したい場合は、譲渡担保権設定登記を申請する方法をとることができます。しかし、動産には登記の制度がありませんから、担保の目的物に張り紙や刻印などをすることによって、第三者に譲渡担保の目的物であることがわかるようにしておく措置が必要になります。

■ 譲渡担保のしくみ

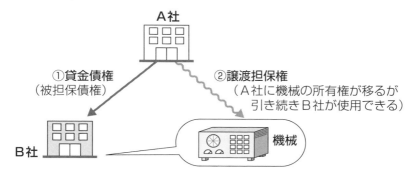

代物弁済予約公正証書

代物弁済予約公正証書

　本公証人は、当事者の嘱託により、その法律行為に関する陳述の趣旨を録取し、この証書を作成する。

第1条（契約の締結）　債権者○○○○（以下「甲」という）と、債務者○○○○（以下「乙」という）とは、第2条の債務を担保するため、代物弁済予約契約を締結する。

第2条（債務の確認）　甲と乙は、令和○年○月○日に金銭消費貸借契約を締結し、現在、借入金が○○○万円あることを確認した。

第3条（代物弁済の予約）　乙は、前条の債務を弁済期までに弁済をしない場合に、前条の債務の弁済に代えて、乙が所有する別紙記載の不動産（以下「本物件」という）の所有権を甲に移転することを予約した。

第4条（登記）　乙は甲に対し、前条の契約を原因として本物件の所有権移転請求権仮登記の申請手続をする。ただし、この登記に要する登録免許税及び登記申請費用は、乙の負担とする。

第5条（予約完結権の行使）　甲が第3条の契約に基づく予約完結権を行使する場合には、乙に対し、代物弁済を行う旨を記した書面を交付しなければならない。

2　前項の書面には、乙の債務額と、債務額が本物件の評価額を超えるときは、甲が乙に清算しなければならない金額を記載する。

第6条（所有権移転）　前条第1項の通知が乙に到達した日から2か月を経過したときに、本物件の所有権は乙から甲に移転し、乙は甲に対し、直ちに所有権移転本登記の申請手続をする。ただし、前条第2項の清算額がある場合には、甲が乙に清算金を支払うのと同時に所有権移転本登記の申請手続をする。

第7条（受け戻し）　乙は甲から清算金の支払いを受けるまでは、債権額を甲に弁済することにより本物件の所有権の受け戻しをすることができる。

第8条（公証人費用）　本契約締結にあたり、公証人に支払う所要の費用については、甲乙は折半によりこれを負担する。

第9条（裁判管轄）　本契約に関する紛争については、○○裁判所を第一審の管轄裁判所とすることに合意した。

第10条（誠実協議）　本契約に定めのない事項については、甲乙は、誠意をもって協議し、解決するものとする。

以上

＜以下、本旨外要件省略＞

Ｐｏｉｎｔ

1　仮登記担保と譲渡担保の違い

　代物弁済予約とは、金銭消費貸借契約に基づく貸金債権（借金）を担保するために利用される契約です。とくに債務者が借金を支払えない場合に、借金の支払いに代えて、債務者の不動産を債権者に引き渡す約束をすることは、債権者が代物弁済予約に基づいて債務者の不動産に仮登記をするため、仮登記担保とも呼ばれています。

　仮登記担保は、煩雑な抵当権の実行手続きよりも簡易に担保権の実行が可能です。その一方で、仮登記担保において担保される債権は金銭債権（貸金債権や売掛金債権など）に限定されます。仮登記担保の実行は、強制執行といった法律上の手続きを使わない任意の債権回収手段であるため、債権額に比べて価値の大きい不動産を債権者が取得するという弊害が生じます。そのため、仮登記担保法（仮登記担保契約に関する法律）によって各種の制限が定められています。

　債務の弁済が受けられなかった債権者に担保物件の所有権が移る点は譲渡担保と同じですが、譲渡担保が契約時に担保物件の所有権を債権者に移すのに対し、仮登記担保は「債務が弁済されなかったときに所有権

を移転する」という条件つきの所有権移転を仮登記する形になるため、担保物件の所有権が契約時は債務者に残っています。

そのため、不動産が目的物である場合、譲渡担保にすると、契約時に所有権移転の登記を申請することになる他、債務の全額の弁済が行われた場合は、不動産の所有権を債務者の名義に戻す登記を申請しなければなりませんので、2回分の登記申請費用が必要です。

これに対し、仮登記担保であれば、通常の登記（本登記）の申請に比べて半分程度の費用で済みますので、当事者としては使いやすい制度といえるでしょう。

2　代物弁済予約契約の注意点

代物弁済予約（仮登記担保）については「仮登記担保法」が各種の制限を規定していますので、公正証書を作成する際には、次のような点に注意することが求められます。

①　実行通知（第5条1項）

弁済期までに弁済を受けられないなど、仮登記担保を実行するための条件を満たす状態になったとき、債権者は、仮登記をしていた不動産の所有権を取得できます。債務者が債務を弁済できないことを条件とする所有権移転仮登記をしておくことで、債権回収に備えるのが仮登記担保ですから、債務者が債務を弁済しない場合は、仮登記を本登記に変更し、債権者が仮登記をしていた不動産の所有権を取得することで、不動産による代物弁済の効果が発生するというわけです。

ただし、本登記に変更すべき状態になった場合、債権者は、債務者に対し、仮登記をしていた不動産の見積価額、債権の残額、債権者が債務者の代わりに負担した費用、清算金額を明記した通知を出さなければなりません。所有権移転本登記の効果は、この通知が債務者に届いてから2か月を経過した後で生じます（仮登記担保法2条）。

②　清算義務（第5条2項）

仮登記担保についても、譲渡担保と同様、担保目的物（仮登記をしていた不動産）の価額が債権の額を超える場合、その差額を債務者に返還しなければなりません（仮登記担保法3条1項）。「返還しなくてもよい」など、債務者に不利な特約を盛り込んだとしても、その特約は無効

になりますので注意してください。

③　所有権の受け戻し（第7条）

　仮登記担保法では、清算金が発生する場合、清算金が支払われるまでは、債務者は、もともとの債務を弁済することによって、不動産の所有権の受け戻しを請求できると規定されています（仮登記担保法11条）。この所有権の受け戻しを認めない特約も無効になります。

④　目的物の表示

　仮登記担保の目的となる不動産は何なのかを、明確にしなければなりません。具体的には、不動産の登記事項証明書に記載されている内容（所在、地番、地積、所有者など）を記載すればよいでしょう。添付資料として登記事項証明書を取っておくと確実です。

■ 代物弁済予約（仮登記担保）のしくみ

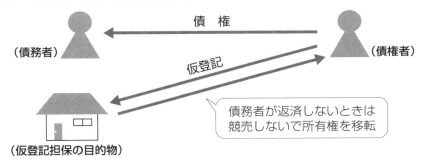

債権

（債務者）　　　　　　　　　　　　　　　　（債権者）

仮登記

債務者が返済しないときは
競売しないで所有権を移転

（仮登記担保の目的物）

■ 仮登記担保の実行

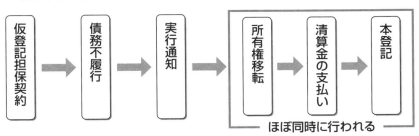

仮登記担保契約　→　債務不履行　→　実行通知　→　所有権移転　→　清算金の支払い　→　本登記

ほぼ同時に行われる

保証意思宣明公正証書（通常保証）

保証意思宣明書

貴方が、これからしようとしている保証契約について、以下のことをお答え下さい。

1　当事者について	
(1)債権者の住所・氏名 　（法人の場合は法人名と代表者名）	住所　東京都〇〇区〇〇町〇丁目〇番〇号 ^{フリガナ} 氏名　〇〇〇〇
(2)主債務者の住所・氏名 　（法人の場合は法人名と代表者名）	住所　〇〇県〇〇市〇〇町〇番地 ^{フリガナ} 氏名　〇〇〇〇

2　保証債務の内容について
　※(2)、(3)、(4)、(5)については、有・無の□に✓を入れ、有の場合は、その内容を記載して下さい。

(1) 貸金等の元本額	金〇〇〇〇円
(2) 利息の定め	□有・□無
(3) 違約金に関する定め	□有・□無
(4) 損害賠償（遅延損害金）に関する定め	□有・□無
(5) その他、保証すべきものの定め（上記の(1)ないし(4)以外で、保証の対象となっているもの、例えば、契約締結費用等があれば記載して下さい。）	□有・□無

3　主債務者からの情報の提供について

　主債務者は、保証人となることを依頼するときに、その依頼をする相手方に、①主債務者の財産及び収支の状況、②本件の主債務以外に負担している債務の有無並びにその額及び履行状況、③本件の主債務の担保として他に提供し、又は提供しようとするものがあるときは、その旨及びその内容に関する情報を提供しなければならないとされています。貴方は、主債務者から、このような情報の提供を受けたでしょうか。
　下記(1)又は(2)のいずれかの□に✓をして下さい。提供を受けた情報の内容その他補足することがあれば右の欄に記載して下さい。

□(1) 情報の提供を受けた。 □(2) 情報の提供を受けていない。	

4　保証債務を履行する意思について

　保証人は、債務者が債務を履行しないときは、自ら、保証した債務の全額を履行しなければなりません。また、連帯保証の場合には、債務者が債務を履行しないときは、債権者が債務者に催告したかどうか、債務　者が履行できるかどうか、又は他に保証人があるかどうかにかかわらず、その債務の全額を履行しなければなりません。このことを理解した上で保証しますか。

　下記(1)又は(2)のいずれかの□に✓をして下さい。質問等があれば右の欄に記載して下さい。

□(1) 理解した上で、保証する。 □(2) 理解が不十分なので説明してほしい。	

5　その他の事項（任意：質問等があれば記載して下さい。）

以上のとおり、相違ありません。

令和○年○月○日

嘱託人　　　住　所　　東京都○○区○○町○丁目○番○号
　　　　　　氏　名　　○○○○
　　　　　　　 フリガナ
　　　　　　生年月日（大正・昭和・平成）　○年○月○日生

P o i n t

1　経営者保証等の例外について

　事業のために負担した貸金等債務（おもに借金）を個人が保証する場合、保証人の保証意思を確認するため公正証書を作成することが平成29年改正民法により義務づけられました。これは、個人の保証人が想定外の保証債務を負担する危険をさけるためなので、保証人が経営に実質的に関与している場合は、そのような危険が少ないため、公正証書は例外的に

不要とされています。

　たとえば、主債務者が法人の場合は、その取締役や過半数株主などが保証人になるケースで公正証書が不要です。主債務者が個人事業主の場合は、共同事業主や主債務者と同じ事業に従事している配偶者が保証人となるケースで公正証書は不要です。

　本書式例は、日本公証人連合会が出している保証意思宣明公正証書です。様式には通常保証用と根保証用の2種類があり、日本公証人連合会（http://www.koshonin.gr.jp/business/b03_2）のホームページよりダウンロードできます。作成手数料は、保証契約ごとに原則として1件1万1000円です。

2　主債務者の情報提供義務

　個人保証の場合、自分の負担するリスクを十分に理解しないまま保証人になってしまうケースがあります。そこで、平成29年改正民法では、主債務者が事業のために負担する債務（貸金等債務に限定されない）について保証を委託するときは、保証人になろうとする個人に対して、主たる債務者の財産状況等の情報を提供しなければならないと定めています。

　もし、主債務者が必要な情報を提供しなかった、または事実と異なる情報を提供したという事実を、債権者が知っていた、または知ることができた場合、個人である保証人は、締結した保証契約を取り消すことができます。

■ 公正証書の作成が必要となる保証・根保証 ……………………

公正証書の作成が必要な場合	公正証書の作成
保証人が「個人」である →個人でも主債務者である企業の取締役・執行役・過半数株式保有者などは除外される **主債務が「事業のために負担した貸金等債務」である** →主債務が売買代金債務や賃借人の債務などの場合は除外される	・保証人になろうとする者が、保証債務を履行する意思を表示する ・保証契約・根保証契約の締結に先立ち、契約締結日前1か月以内に作成された公正証書によって意思表示 ・公正証書の作成方式は、民法465条の6第2項の定めに従う

第3章

売買・継続的取引の公正証書

継続的取引基本契約公正証書

継続的商品売買取引基本契約書

　本公証人は、当事者の嘱託により、その法律行為に関する陳述の趣旨を録取し、この証書を作成する。

第1条（目的）　○○商事株式会社（以下「甲」という）と、××産業株式会社（以下「乙」という）は、甲の製造する製品○○○○（以下「本件商品」という）の乙に対する継続的供給に関し、基本となる契約（以下「基本契約」という）を締結する。

第2条（基本契約と個別契約との関係）　この基本契約は、甲乙間に締結される個別の契約（以下「個別契約」という）に特約なき限り、甲乙間のすべての個別取引に適用するものとする。

第3条（個別契約の成立）　個別契約は、発注年月日、品名、仕様、単価、数量、納期、納入場所、支払方法その他を記載した乙所定の注文書を乙から甲に交付し、甲がこれを承諾したときに成立するものとする。

第4条（売買価格の決定）　本件商品の売買価格（以下「売買代金」という）は、甲乙の協議により、双方合意の上で決定されるものとする。

第5条（売買代金の支払方法）　売買代金の支払方法は、甲乙の協議により、別に定めることとする。

第6条（商品納入後の検査義務）　乙は、甲から本件商品の納入を受けた時は、直ちに本件商品を検査しなければならない。

２　検査の方法は、あらかじめ当事者が定めた方法によるものとし、別に定めることとする。

３　前項の検査により、万が一、乙が本件商品に不適合（種類、品質または数量に関して契約の内容に適合しないものをいう。以下同じ）を発見した場合、乙は直ちに書面をもって甲に対しその旨を通知することを要する。

第7条（所有権の移転および帰属）　本件商品の所有権は、本件商品の現

実の引渡しによって甲から乙に移転することを原則とする。ただし、特約がある場合には、売買代金の支払いが完了するまで、本件商品の所有権は甲に帰属するものとする。

2　乙は、本件商品受領の際、直ちに甲の納品書に受領の署名押印をして、甲に発送しなければならない。

第8条（相殺予約）甲が乙に対して債務を負っている場合には、甲において、売買代金の支払請求権（以下「本件債権」という）の弁済期の到来の有無にかかわらず、本件債権と甲の乙に対する債務とを同一の金額、条件で相殺できるものとする。

第9条（契約不適合責任）甲より乙へ本件商品を納入した後6か月以内に、乙が本件商品に不適合を発見した場合、乙は、相当の期限を定めて、甲に対し、本件商品の修理または交換をすべきことを請求することができる。その場合の費用負担は、甲が負うものとする。この請求は、乙において遅滞なく甲に行うことを要する。

2　前項の不適合が原因で、乙が損害を被ったときは、乙は甲に対し損害賠償の請求をすることができる。乙が、第三者に発生した損害を賠償したときも、これを準用する。

3　甲は、乙に対する本件商品の納入後6か月を経過した後に発見された本件商品の不適合につき、何ら責任を負わないものとする。

第10条（秘密保持）甲および乙は、基本契約および個別契約に関して知り得た相手方の営業上または技術上の秘密を、第三者に開示または漏洩してはならない。当事者以外の第三者の情報についても同様とする。

第11条（損害賠償）甲または乙が基本契約または個別契約の条項に違反し、相手方に損害を与えたときには、違反した当事者は、損害を被った相手方に対してその損害を賠償するものとする。

第12条（契約解除）甲または乙は、相手方が次の各号のいずれかに該当したときは、何らの催告を要せず、直ちに基本契約を解除することができる。

①　基本契約または個別契約の条項に違反した場合

②　基本契約または個別契約に違反すると思われる場合に、相当の期間を定めて是正を勧告したにもかかわらず、当該期間内に是正を行わないとき

③　営業停止または許認可取消等の不利益処分を受けたとき

④　税の納付に関し、滞納処分を受けたとき

⑤　差押、仮差押、仮処分等を受けたとき

⑥　手形または小切手につき不渡り処分を受けたとき

⑦　破産手続、民事再生手続、会社更生手続もしくは特別清算の申立てを行ったとき、またはこれらの申立てが第三者からなされたとき

⑧　会社の組織について、解散、合併、会社分割、または営業の全部もしくは重要な一部の譲渡を決議したとき

2　前項に基づいて基本契約が解除された場合、帰責事由の存する当事者は、相手方に対して、基本契約の解除により相手方が被った損害を賠償するものとする。

第13条（基本契約の有効期間）基本契約の有効期間は、その締結の日より2年間とする。

2　期間満了3か月前までにいずれの当事者からも、書面による別段の申出がない場合には、基本契約をさらに1年間延長するものとし、以後も同様とする。

3　基本契約の終結または解除のときに、すでに成立した個別契約がある場合には、基本契約は当該個別契約の履行が完了するまで、当該個別契約の履行の目的のために、なお効力を有するものとする。

第14条（公正証書の作成）甲および乙は、本契約の内容につき、公正証書を作成することに合意し、公正証書の作成にかかる費用については、甲乙が折半により負担するものとする。

第15条（双方協議）本契約に定めなき事項または基本契約の条項に解釈上の疑義を生じた事項については、甲乙協議の上、解決するものとする。

第16条（裁判における合意管轄）甲および乙は、基本契約より生じる紛争の一切につき、甲の本店所在地を管轄する地方裁判所を第一審管轄裁判所とする。

以上

本旨外要件

住　所　　　○○県○○市○○町○丁目○番○号

売　主　　　○○商事株式会社

住　　所　　　　○○県○○市○○町○丁目○番○号
　　　上代表取締役　　○○○○　　㊞
　　　　　　　　　　　昭和○○年○月○日生
　　上記の者は印鑑証明書を提出させてその人違いでないことを証明させた。
　　　住　　所　　　　○○県○○市○町○丁目○番○号
　　　買　　主　　　　××産業株式会社
　　　住　　所　　　　○○県○○市○○町○丁目○番○号
　　　上代表取締役　　○○○○　　㊞
　　　　　　　　　　　昭和○○年○月○日生
　　上記の者は印鑑証明書を提出させてその人違いでないことを証明させた。
　　上記列席者に閲覧させたところ、各自その内容の正確なことを承認
し、次に署名・押印する。

○○○○　　㊞
○○○○　　㊞

　　この証書は、令和○年○月○日、本公証役場において作成し、次に
署名・押印する。

○○県○○市○○町○丁目○番○号
○○法務局所属
公証人　　○○○○　　㊞

　　この正本は、令和○年○月○日、売主○○商事株式会社の請求によ
り本職の役場において作成した。

○○法務局所属
公証人　　○○○○　　㊞

▐P▐o▐i▐n▐t▐

1　継続的取引契約の代表は基本契約

　　企業の行う商取引は、常に営利が追求され、また迅速であることが求
められるなど、一般個人の取引とは異なった特徴をもっています。つま
り、営利目的をもって、計画的かつ継続的に、同種の行為を反覆して行

うことが想定されています。継続的取引契約にはさまざまな類型があるのですが、取引を始める際に基本的な取り決めをするのが継続的取引基本契約です。

　基本的な取り決めというのは、たとえば、契約期間・支払方法・取引価格といった事柄です。企業間の取引は一度きりで終わらずに継続することが多く、その後の個別取引の際に取り決めを行わなかった事項については、基本契約の内容に従って判断します。なお、令和２年４月１日施行の改正民法の施行後に結んだ各種の契約には、原則として新法（改正後の規定）が適用されます。しかし、継続的取引がある相手方との間で、施行日をまたいで存続する契約関係等については、旧法（改正前の規定）または新法のいずれが適用されるのかによって、取引の内容に大きな影響を与える場合も少なくありません。

　そこで、改正民法は経過措置規定（新旧のどちらの規定が適用されるかなどにつき、社会の混乱を避けるため、法律の過渡期に定められる規定）を設けて、改正民法に伴う法律関係を整理しています。

　まず、時効に関して、新法では債権の消滅時効期間が統一されますが、施行日前に発生した債権には新法が適用されません。この場合、旧法における各種の短期消滅時効が適用されますので、債権者側としては、短期消滅時効期間の経過に注意が必要です。法定利率に関しても、施行日以後に生じた利息について新法の規定が適用されますので、施行日前に生じた利息債権等は、旧法に従って債務者に請求を行うことになります。その他、施行日以後に新法の規定が適用される債権回収に関する重要な規定として、個人保証に関する公正証書の作成義務に関する規定や、差押前に取得した債権を自働債権（自己の相手方に対する債権）とし、差押のあった債権を受働債権（自己の相手方に対する債務）とする相殺の主張を認める規定が挙げられます。

　債権者は、これらの経過措置の規定を確認し、債権回収への影響の有無を確認する必要があります。

２　継続的取引契約の公正証書化

　取引が継続していると、とかく取引停止にまつわるトラブルも生じやすいものです。たとえば、毎月一定量の資材・商品を納品・販売するな

ど、継続的な供給関係にある場合には、１回限りの取引と比べて、両者の間でひとたびトラブルが発生すると厄介なことになります。

そのため、後々の責任の所在や契約内容を明らかにしておきたい場合には、契約書を作成した上で公正証書化しておくのがよいでしょう。

ただし、将来発生する債権については、公正証書を作成したとしても、公正証書を債務名義（233ページ）として強制執行はできないとされています。継続的取引契約は将来的に生じる取引の内容について定めるものなので、公正証書作成時点では具体的な債務額が特定できません。そのため、公正証書化しても、それを債務名義とすることはできないのです。したがって、継続的取引契約については、裁判手続きを経ずに強制執行を行う（強制執行認諾約款をつける、237ページ）ことまでを公正証書の内容にすることはできません。

3　継続的取引契約の注意点

継続的取引契約の公正証書を作成する際の注意点としては以下のものがあります。

①　売買価格の設定（第４条）

供給する商品の売買（販売）価格を明記します。ただ、契約期間中に原材料の高騰などの原因で商品の価格が変化することも想定できるので、最低売買価格や価格の上限などを設定しておくのもよいでしょう。

②　契約期間の明確化（第13条）

取引期間の始期と終期は明確に定めなければなりません。

期間を定めない継続的取引契約は通常、将来に向けていつでも契約をやめることができます。しかし、期間を定めて契約した場合には正当な理由がない限り、一方的に途中でやめることはできません。

そのため、将来的なビジネスの見通しを考慮した上で契約期間を定める必要があります。

③　契約解除事由の明記（第12条）

②でも述べたとおり、契約期間を定めた場合には、期間中の解除は認められないのが原則ですが、将来的に代金の未払いが生じることも想定できるので、契約解除事由はあらかじめ明確にしておきます。

特約店契約公正証書

特約店契約公正証書

　本公証人は、当事者の嘱託により、その法律行為に関する陳述の趣旨を録取し、この証書を作成する。

第1条（特約店販売の目的商品）　売主○○株式会社（以下「甲」という）は、甲の製造する下記の商品（以下「本件商品」という）を、買主○○株式会社（以下「乙」という）に継続的に供給し、乙は甲の特約店としてこれらを販売することを承諾した。

　　商品名　○○○

　　商品名　○○○

　　商品名　○○○

第2条（販売地域）　乙が甲の特約店として本件商品を販売する地域は、○○県、○○県、○○県及び○○県とする。

2　甲は、前項の地域において、自ら本件商品を販売せず、かつ、乙以外の者と特約店契約を締結しない。

第3条（本件商品の販売価格）　本件商品の販売価格は、甲乙協議の上別途定める。

第4条（代金の支払方法）　本件商品の代金の支払いは、当月納入分を翌月○○日までに、乙が甲指定の銀行口座に送金して支払う。

第5条（遅延損害金）　乙が前条の支払いを遅延した場合の遅延損害金は、年○○％の割合とする。

第6条（期限の利益の喪失）　乙に次の各号のいずれかが発生したときは、乙は当然に期限の利益を失い、直ちに残債務及び遅延損害金をすべて支払う。

　①　第4条の代金を期限までに支払わないとき

　②　強制執行、競売又は破産手続開始の申立てがあったとき

第7条（本契約の有効期間）　本契約の有効期間は、令和○年○月○日から○年間とする。

2　甲又は乙が他方の当事者に対し、前項の期間満了の日までに別段の意思表示をしないときは、同一の条件で同期間契約が更新されることとし、以後も同様とする。

第8条（契約解除）甲乙の一方が本契約に違反したときは、他方の者は催告を要せず、直ちに契約を解除することができ、それによって生じた損害の賠償を請求することができる。

第9条（公証人費用）本契約締結にあたり、公証人に支払う所要の費用については、甲乙は折半によりこれを負担する。

第10条（裁判管轄）本契約に関する紛争については、○○裁判所を第一審の管轄裁判所とすることに合意した。

以上

本旨外要件

　　住　　所　　○○県○○市○○町○丁目○番○号

　　売　　主　　○○株式会社

　　住　　所　　○○県○○市○○町○丁目○番○号

　　上代表取締役　　○○○○　　㊞

　　昭和○○年○月○日生

上記の者は印鑑証明書を提出させてその人違いでないことを証明させた。

　　住　　所　　○○県○○市○町○丁目○番○号

　　買　　主　　○○株式会社

　　住　　所　　○○県○○市○○町○丁目○番○号

　　上代表取締役　　○○○○　　㊞

　　昭和○○年○月○日生

上記の者は運転免許証を提出させてその人違いでないことを証明させた。

上記列席者に閲覧させたところ、各自その内容の正確なことを承認し、次に署名・押印する。

○○○○　　㊞

○○○○　　㊞

　この証書は、令和○年○月○日、本公証役場において作成し、次に署名・押印する。

○○県○○市○○町○丁目○番○号

　この正本は、令和○年○月○日、売主○○株式会社の請求により本職の役場において作成した。

　　　　　　　　　　　　　　　　　　　　○○法務局所属

　　　　　　　　　　　　公証人　○○○○　㊞

Point

　基本契約以外の継続的取引契約として、特約店契約や委託販売契約があります。特約店契約とは、継続的に自己の商品を供給し、特約店に対して販売を認めるものです。一方、委託販売契約とは、商品の所有権は自己に留保したまま、委託販売店が債権者のために商品を販売する契約です。

　特約店は、自己の判断で取引できるのに対し、委託販売店は販売を委託されているだけで、販売価格等の判断は商品の供給者が行います。委託販売契約の場合は、委託販売店は売上金のうち、ある金額分を手数料として受け取ります。商品の所有権が委託者に留保されているために、委託販売店が倒産しても、委託者は商品を引き上げれば、損失を被ることもなく便利であるため、商取引でよく用いられます。

　特約店契約、委託販売契約を公正証書にする際の注意点は、前述した継続的取引契約を公正証書にする場合とほぼ同じです。

　ただ、特約店契約にとくに見られる契約事項として、同業他社の類似商品の取扱いを禁止する競業避止義務を課すことがあります（第2条2項）。とくに特約店に独占販売権を与える場合は、販売成績が特約店の営業努力に大きく左右されますので、同業他社の商品の販売に注力されて自社の商品の販売がおろそかになるのは避けたいところです。

　また、供給者が自社の販売戦略を実現するために、販売地域（第2条1項）、販売価格、販売数量、販売方法などを指定する場合があります。

　いずれも内容によっては、独占禁止法に抵触する可能性がありますので、慎重な検討が必要です。

物品売買契約公正証書

　本公証人は、当事者の嘱託により、その法律行為に関する陳述の趣旨を録取し、この証書を作成する。

　売主○○株式会社（以下「甲」という）と買主△△株式会社（以下「乙」という）は、物品の売買において、次のとおり契約した。

第1条（売買の目的） 甲は、その所有にかかる次項の物品（以下「本件物件」という）を乙に売り渡し、乙はこれを買い受けることをその目的とする。

2　目的となる物品は次のとおりとする。

　品名　○○○○○○

　数量　○個

第2条（物件の引渡場所および方法） 本件物件の引渡しは、令和○年○月○日限り、乙の本店営業所においてなすものとする。引渡しは、現実に行うこととする。

第3条（単価および売買代金の総額） 本件物品の単価は金○○○○円（消費税込）とし、売買代金の総額は金○○○○円（消費税込）とする。

第4条（売買代金の支払時期および方法） 売買代金は、令和○年○月○日限り、第2条の引渡しと同時に全額支払うこととする。本件物件の所有権は売買代金の支払いを完了した時に甲から乙へ移転する。

第5条（善管注意義務） 甲は、乙が現実に引渡しを受けるまで、善良なる管理者の注意を払い、本件物件を管理することとする。

第6条（不可抗力による履行不能） 天災地変その他甲乙双方の責めに帰すべからざる事由により、本契約の全部または一部が履行不能になったときは、本契約はその部分について、履行を請求することができない。

第7条（危険負担） 本件物件の引渡しが完了した後、乙の検査期間満了前において、物品の滅失、毀損その他の損害があった場合には、甲がそ

の責任を負う。ここにおいて、乙の検査は、その期間を引渡完了日の翌日から起算して○○日とする。

2　前項の規定は、乙の責めに帰すべき場合、乙の検査に合格した場合、または乙が異議を述べずに受領した場合には、これを適用しない。

3　検査期間満了後に生じた損害は、甲の責めに帰すべき事由を除いて乙の負担とする。

第8条（損害賠償）各当事者は、相手方が本契約の条項に違反した場合、その他債務の本旨に従った履行をなさなかった場合には、それによって生じた損害について賠償を請求することができる。

第9条（契約解除）当事者の一方が本契約の条項に違反した場合には、相手方は、直ちに本契約を解除することができる。本契約の解除は何らの催告も要しない。

第10条（合意管轄）本契約より生じる法律関係の訴訟については、甲の本店所在地を管轄する地方裁判所を第一審管轄裁判所とする。

第11条（双方の協議）本契約に定めのない事項については、甲乙協議の上、定めるものとする。

以上

＜以下、本旨外要件省略＞

Ｐｏｉｎｔ

1　売買契約について

売買契約とは、当事者の一方が、ある財産権を相手方に移転することを約束し、相手方がこれに対して代金を支払うことを約束することによって成立する契約です（民法555条）。

ただ、売買契約については、契約書を作ることはあっても、公正証書にまですることは稀です。しかし、不動産売買などのように売買代金が高額であったり、買主の支払能力に不安があったりする場合は、公正証書を使うという手段もあります。公正証書にしておけば、売買契約があったことを証明できる他、強制執行認諾約款（237ページ）をつけておけば、買主が支払わない場合に、公正証書を債務名義として強制執行（228ペー

ジ）ができます。

2　売買契約の注意点

売買契約公正証書の作成の際には以下の事項に注意しましょう。

①　目的物の特定と明記（第1条）

売買契約では、目的物が何かがはっきりしていなければ、トラブルになりかねません。大量生産された物品であれば、「物品名○○、数量○○」などの表記をすることで、これを特定することが可能です。こうした物品の売買を「不特定物売買」といいます。

しかし、不動産や中古物件（中古車や中古機械など）などの「特定物売買」は、どういう状態かによって売買価格が大きく変わりますので注意が必要です。不動産は登記簿、車などは登録証があって、目的物の特定が比較的簡単ですが、多くの場合、目的物の存在を公的に証明できるものはありません。したがって、目的物を明確に特定するため、その目的物の特徴（色・形状・傷など）なども書いておくと役立ちます。とくに傷の有無や傷の大きさを確認しておくことが、後々のトラブルを予防することになるので、注意しておくことが大切です。

②　代金支払い（第3条、第4条）

安価な取引では、その場で目的物の引渡しと代金の支払いをして終わりですが、公正証書を作成するような高額な取引では、代金の支払方法や支払総額を詳細に書いておくと安心です。代金の支払方法には、現金払い、銀行振込、小切手払い、手形払いなどが考えられます。また、一括払いの時は代金を記載するだけでよいのですが、分割払いの時は利息と支払総額もあわせて記載することが求められます。

③　所有権の移転時期（第4条）

売買契約は目的物の所有権が買主へと移るのが特徴です。売買契約自体は売主と買主の合意があれば成立しますが、目的物の所有権がいつ買主へと移るのかを明確にすることで、トラブルを防ぐことができます。一般的には「売買代金の支払いが終わった時点で所有権が移転する」と定めるケースが多いようですが、所有権の移転時期について何も取り決めていなければ、特定物売買では契約成立時に、不特定物売買では目的物の特定時に、目的物の所有権が買主へと移転することになります。

④　手付も検討する

　手付とは、売買契約が成立した時に、買主から売主に対して支払われる金銭のことです。とくに不動産などの高額な取引では、手付を支払うことがあります。

　手付の支払いは、売買契約が成立したことを証明する証約手付の性質を持つ他、通常は、契約の解除を可能にするために支払われる解約手付の趣旨も持っています。つまり、手付金を支払っておけば、買主は、売主が目的物の引渡しなどの履行に着手する前であれば、手付金を放棄して売買契約を解除できます。他方、売主も、買主が代金の支払いなどの履行に着手する前であれば、買主が支払った手付の倍額を支払うことで売買契約を解除できます。

　そして、買主による代金支払義務が履行される場合、手付は代金の一部に組み込まれます。手付について契約書に定める場合、違約手付（契約違反があった場合の損害賠償の予定としての趣旨をもつ手付のこと）としての性質を持たせることも可能なため、支払われる手付がどのような性質であるかという点や、手付の金額はいくらなのかを明記するようにします。

⑤　危険負担を明確にする（第6条、第7条）

　前述した「特定物売買」においては、危険負担の問題も生じます。たとえば、中古車の売買契約を結んだ後、買主への引渡しがなされる前に、その中古車が放火で滅失した場合、買主は、中古車を手に入れることができないのに、代金を支払わなければならないのか、という問題があります。とくに物品の滅失について売主にも買主にも落ち度（帰責事由）がない場合はどうすればよいのか、というのが「危険負担」の問題です。

　改正前民法は、特定物売買における物品の引渡し前に、売主・買主の双方に落ち度がなく物品が滅失した場合、特約を定めていなければ、買主は代金支払義務を負うと規定していました。

　これに対し、平成29年改正民法では、特定物売買に関する危険負担の条文が削除され、「当事者双方の責めに帰することができない事由によって債務を履行することができなくなったときは、債権者は、反対給付の履行を拒むことができる」（536条1項）と規定し、当事者双方に落ち度がなく履行できなくなった場合、特約を定めていなかったとして

も、当事者双方が自身の債務の履行義務から解放されるという法制度に改められました。

改正民法にいう「反対給付の履行を拒むことができる」とは、たとえば、当事者双方に落ち度がなく目的物が滅失した場合に、買主が代金支払いを請求されたとしても、その代金支払いを拒む権利が与えられたことを意味します。

改正民法では、履行不能（履行ができなくなった場合）に基づく契約の解除について、改正前民法とは異なり、債務者の落ち度（帰責事由）が要件になっていません（542条）。そのため、当事者双方の落ち度がなく物品が滅失した場合、買主は、代金の支払いを拒むこともできますし、さらに、代金支払債務自体を消滅させるためには、契約を解除することになります。

■ 特定物売買に関する危険負担（改正民法）..............

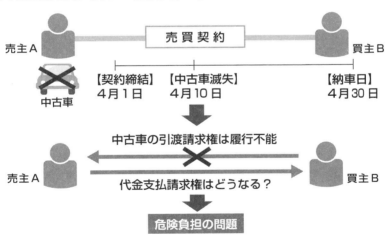

売主A ─── 売買契約 ─── 買主B

【契約締結】4月1日　【中古車滅失】4月10日　【納車日】4月30日

中古車

中古車の引渡請求権は履行不能

売主A ✕ 買主B

代金支払請求権はどうなる？

危険負担の問題

ＡＢともに帰責事由なし
 ⇒ 代金支払請求権は残存するが、ＢはＡからの請求を拒める（履行拒絶権）
Ｂに帰責事由あり
 ⇒ ＢはＡからの代金支払請求を拒めない
※Ａに帰責事由がある場合は「債務不履行」の問題

割賦販売契約公正証書

割賦販売契約公正証書

　本公証人は、当事者の嘱託により、下記の法律行為に関する陳述の趣旨を録取し、この証書を作成する。

第1条（契約締結） 売主○○株式会社（以下「甲」という）と買主○○○○（以下「乙」という）とは、○○○（以下「本件商品」という）に関して、下記のとおり割賦販売契約（以下「本契約」という）を締結する。

第2条（契約趣旨） 甲は乙に対し、本件商品を金○○円（消費税込）で売り渡し、乙はこれを買い受ける。

第3条（所有権留保） 本件商品の所有権は甲に留保され、乙が本契約に基づく本件商品の代金支払を完了したときに乙に移転する。

第4条（支払い） 乙は、第2条に定める本件商品の代金○○円を、下記のとおり甲の指定する銀行口座に振り込み支払う。

① 頭金：令和○年○月○日までに金○○円

② 残金：令和○年○月○日から令和○年○月○日まで毎月末日までに金○○円ずつ

第5条（引渡し） 甲は乙に対し、本件商品を前条に定める頭金の支払いと引換えに引き渡す。

第6条（善管注意義務） 甲が本件商品の所有権を留保している間は、乙は善良なる管理者の注意をもって本件商品を使用収益し、甲の書面による承諾なく、本件商品について譲渡、質入、貸与、担保提供その他甲に損害を与えるおそれのある行為をしてはならない。

第7条（修理費等の負担） 本件商品の引渡し後の修理費その他一切の費用は、乙が負担しなければならない。

第8条（期限の利益喪失） 乙について下記の各号の一つに該当する事由が生じた場合、乙は、甲からの通知催告を要せず当然に期限の利益を失い、甲に対し、直ちに残代金全額を支払わなければならない。

① 第4条に定める支払期日までに割賦金を支払わず、20日以上の期間を定めた催告にもかかわらず期間内に支払わなかった場合

② 自ら振出した手形、小切手が不渡りになった場合又は一般の支払いを停止した場合

③ 差押、仮差押、保全差押、仮処分の申立て又は滞納処分を受けた場合

④ 破産、民事再生、特別清算、会社更生その他裁判上の倒産処理手続の申立てを受けた場合又は自らこれらの申立てをした場合

2　乙は、下記の各号の一つに該当する事由が生じた場合、甲の請求により期限の利益を失い、甲に対し、直ちに残代金全額を支払わなければならない。

① 本契約上の義務に違反し、その違反が本契約の重大な違反となる場合

② 乙の信用状態が著しく悪化した場合

第9条（遅延損害金）乙は、前条により期限の利益を失ったときは、甲に対し、期限の利益喪失の日の翌日から完済の日に至るまで、残金に対して法定利率を乗じた額の遅延損害金を支払わなければならない。

第10条（本件商品の返還）第8条各号の一つに該当する事由のあるときは、乙は、甲からの催告がなくても、同条に定める債務の支払いのために、本件商品を直ちに甲に返還しなければならない。

第11条（本件商品による充当）前条の返還を受けたときは、甲は、これを任意の方法で処分し、その処分によって得られた利益を第8条に定める債務に充当することができる。

2　甲が前項に定める充当を行った後に、まだ残債務があるときは、乙は直ちにこれを払わなければならない。

3　甲が第1項に定める充当を行った後に、余剰金があるときは、甲は直ちにこれを乙に返還するものとする。

第12条（変更事項）乙は、氏名・住所・連絡先等の変更をした場合は、甲に対し、速やかに通知しなければならない。

第13条（強制執行認諾）乙は、本契約に定める金銭債務の履行を怠ったときは、直ちに強制執行を受けても異議がないことを認諾した。

第14条（証書作成費用） この証書の作成その他本契約に係る費用については、甲乙折半してこれを負担するものとする。

第15条（裁判管轄） 甲及び乙は、本契約に関する一切の紛争に関しては、訴額の如何にかかわらず、甲の本店所在地を管轄する地方裁判所を第一審の専属的管轄裁判所とすることに合意する。

以上

本旨外要件

住　所	東京都○○区××○丁目○番○号	
売　主	○○株式会社	
住　所	東京都○○区××○丁目○番○号	
上代表取締役	○○○○　㊞	
	昭和○○年○月○日生	

上記の者は印鑑証明書を提出させてその人違いでないことを証明させた。

住　所	東京都○○区××○丁目○番○号	
職　業	自営業	
買　主	○○○○　㊞	
	昭和○○年○月○日生	

上記の者は印鑑証明書を提出させてその人違いでないことを証明させた。

上記列席者に閲覧させたところ、各自その内容の正確なことを承認し、次に署名・押印する。

○○○○　㊞

○○○○　㊞

この証書は、令和○年○月○日、本公証役場において作成し、次に署名・押印する。

東京都○○区××○丁目○番○号

○○法務局所属

公証人　　○○○○　㊞

この正本は、令和○年○月○日、売主○○株式会社の請求により本職の役場において作成した。

○○法務局所属

公証人　　○○○○　㊞

Point

1　割賦販売について

　自動車、バイク、パソコン、スマートフォンなど、高額な商品の売買においては、一括払いにするよりも、分割払いにすることが多くなります。このように分割して代金を受領する販売方法を割賦販売といいます。分割払いにする場合、通常は契約書にサイン（署名）をしますが、契約書の中身を細かく読んでいる顧客は少数で、多くの顧客は小さな字で難解な用語が多い文言を読み流してサインしています。法律に詳しい人以外は、契約書の内容を理解していないのが実情です。

　当事者同士の交渉の結果として署名押印が行われるのではなく、あらかじめ売主が作成している定型の契約書に買主がサインするような場合、定型の契約条項を「約款」といいます。約款を利用することで、契約を速やかに締結できる反面、買主（顧客）の意見が反映されず、売主に有利な内容が書かれている傾向があります。それでも多くの買主は、そのまま署名押印しています。

　このような事情をふまえ、買主（消費者）を保護する観点から、民法の定型約款の規制の他、さまざまな法令（消費者契約法、割賦販売法、割賦販売法施行令など）によって一定の制限が設けられています。法令の制限に違反する契約は認められません。

2　割賦販売契約の注意点

　割賦販売法は改正が多い法律ということもありますので、そもそもの契約内容に不備や法令に違反する内容がないかを、弁護士などの専門家に確認してもらうことが大切です。公正証書化する際も、当事者間の契約内容をそのまま公正証書にできるとは限らず、割賦販売法などの法令の制限に違反しない契約内容であることが必要です。

①　所有権の移転時期（第3条）

　通常の割賦販売契約では、買主が代金を完済するまで、目的物の所有権が売主に留保されています。そのため、買主の支払いが終わるまでの間、目的物の譲渡や貸与など、売主に損害を与えるおそれのある行為を制限するのが通常です。公正証書化する際も、所有権の移転時期と買主の禁止行為について明確に定めておく必要があります。

② 割賦払金の支払いが滞った場合の対応（第8条）

　割賦販売にした場合、買主による月々の支払いが途中で止まることがあります。通常の割賦販売契約では、期限の利益の喪失約款が設けられており、「1回でも支払いが滞ったら、買主は当然に期限の利益を失う」などという条項があります。この条項によって、売主は、買主による支払いが滞った場合、残りの代金を即時に全額支払うように請求することができます。

　しかし、これでは買主（消費者）にとって非常に酷であるため、割賦販売法5条では、割賦金の支払義務が履行されない場合、20日以上の相当な期間を定めて支払いを書面によって催告し、期間内に支払義務が履行されないときでなければ、割賦金の支払遅滞を理由として契約を解除し、または支払時期の到来していない割賦金の支払い（残りの代金の全額支払い）を請求できないと規定しています。

　これによって、買主は、月々の支払いが延滞しても、即時に残りの代金全額を請求されることがないようになっています。この規定に反する特約を定めていても、その特約は無効となります。

③ 支払いを繰り上げる場合

　買主に予定外の収入があった場合、早期に支払いを終えてしまおうと思うことがあります。早期に返済し終えることのメリットは、利息の支払額を抑えられる点が挙げられます。早期完済については、割賦販売法で直接規制するものではありませんが、業界団体の自主規制において、早期完済の特約を定める場合にどのような内容にすべきかが定められています。

④ 手形や小切手によって支払う場合

　通常は現金（銀行振込を含む）で支払われますが、手形や小切手で支払われることもあります。手形や小切手の記載内容に不備があると公正証書にできない場合がありますので、公正証書作成の依頼をする前に、額面金額、満期日、支払場所などの手形要件があることを確認することが必要です。

⑤ 各種の規制は専門家に相談する

　期限の利益の喪失約款に関して規制を受けることは②で前述しましたが、これ以外にも各種の規制が設けられています。割賦販売契約書などを作成する際は専門家のアドバイスを受けておくのが安心です。

動産賃貸借（レンタル）契約公正証書

動産賃貸借契約公正証書

　本公証人は、当事者の嘱託により、その法律行為に関する陳述の趣旨を録取し、この証書を作成する。

第1条（契約の趣旨） 賃貸人○○株式会社（以下「甲」という）と賃借人○○株式会社（以下「乙」という）は、高性能○○機器（以下「本物件」という）について、甲が乙に本物件を賃貸し、乙はこれを借り受けた。

第2条（期間） 賃貸借期間は、令和○年○月○日から○か月とする。

第3条（賃料） 賃料は月額○万円とし、毎月25日までに、乙は甲の指定する銀行口座に振込の方法により支払う。なお、振込手数料は乙の負担とする。

第4条（本物件の使用、保守管理） 乙は本物件を本来の用法に従って使用する。

2　乙は本物件を○○○で使用し、これを移転してはならない。

3　乙は、本物件を借り受けたときから、本物件を甲に返還するまでの間、善良な管理者の注意をもって本物件を管理する。

4　本物件の使用にあたり必要となる保守、整備、修繕は、甲が自らの費用により行う。

5　乙は、本物件について、保守、整備、修繕の程度を超える改造その他形状、規格、性能等の変更を行ってはならない。

第5条（甲による解除） 乙が次の各号のいずれかに該当したときは、甲は催告をすることなく、直ちに本契約を解除することができる。

①　賃料の支払いを2回以上怠ったとき

②　乙が民事再生、会社更生、破産の手続開始申立てを行ったとき

③　本契約に違反したとき

第6条（強制執行認諾） 乙は、本契約による金銭債務の履行をしないときは、直ちに強制執行に服する旨を陳述した。

第7条（公証人費用） 本契約締結にあたり、公証人に支払う所要の費用については、甲乙は折半によりこれを負担する。

第8条（裁判管轄） 本契約に関する紛争については、○○裁判所を第一審の管轄裁判所とすることに合意した。

以上

＜以下、本旨外要件省略＞

Ｐｏｉｎｔ

　レンタル契約とは、レンタル会社が所有する物品を、レンタルしたい会社や個人が借りることを合意することで成立する契約を指すのが一般的です。通常、民法上の賃貸借契約に該当します。したがって、民法の賃貸借に関する規定の適用を受けますが、基本となるのは当事者間の合意です。

　短期間での利用が想定される物品のレンタル契約の特徴は以下のとおりです。下記③において中途解約を可能としているのは、レンタル契約は契約期間が比較的短期間に区切られるためです。建物賃貸などの継続的な賃貸借では、中途解約を容易に認めると当事者に不測の損害を与えるおそれがあるため、中途解約を制限する場合が多いといえます。しかし、数日などの短期間での利用が想定される物品のレンタル契約では、借主に中途解約を認めても貸主に不利益を与えるおそれが小さいため、中途解約を可能とする場合が多くなっています。

① 　レンタル会社があらかじめ所有している物品の中から、借主がレンタルする物品を選択する

② 　中途解約が可能な場合が多い

③ 　保守管理については原則としてレンタル会社が負担する

　なお、動産の賃貸借契約において注意すべき点として、賃貸借をした動産の賃貸期間（第2条）、賃料（第3条）、使用方法（第4条）があります。また、保守管理については、修理や点検などをだれがするのかを決めておくとよいでしょう。

リース契約公正証書

　本公証人は、当事者の嘱託により、下記の法律行為に関する陳述の趣旨を録取し、この証書を作成する。

第1条（契約の趣旨）　賃貸人株式会社○○リース（以下「甲」という）と賃借人○○株式会社（以下「乙」という）とは、乙が指定する株式会社○○商事（以下「売主」という）の販売する下記の物件○○○1台（以下「本リース物件」という）を目的として、リース契約（以下「本契約」という）を締結する。

① 　名　　称：○○○
② 　製造者：○○産業株式会社
③ 　年　　式：令和○年式
④ 　型　　番：○○○○

第2条（契約の締結）　甲は本リース物件を売主から購入し、乙に対しリースし、乙はこれを借り受ける。

第3条（期間）　本契約の期間は、乙が売主から本リース物件の引渡しを受けた日から3年間とする。

2　乙は、本契約期間の満了前に、本契約を中途解約することはできない。

第4条（納品及び保管）　本リース物件は、本契約成立後、売主により乙の指定する納品場所に搬入・設営されるものとし、乙は、本リース物件が納品されたときから甲に返還するときまで、善良な管理者の注意義務をもって、自らの負担で本リース物件を保管する。

2　乙は、売主から本リース物件の納品を受けた後、別途定める検収期限までに本リース物件について検査を行う。

3　乙は、不適合（種類、品質又は数量に関して契約の内容に適合しないものをいう。以下同じ）のない完全な状態で売主から当該物件の引渡しを受けたことを確認し、所定の引渡完了通知書を甲に対して交付

し、これをもって引渡しが完了したものとする。なお、検収期限を過ぎても当該通知書の交付がなされないときは、本リース物件は、不適合のない完全な状態で引渡しされたものとみなされる。

4　乙は、第2項に定める検査の結果、本リース物件に何らかの不適合があったときは、直ちに売主に通知し、かつ速やかに甲に対して書面により通知するものとする。

5　前項に定める不適合があった場合、又は本リース物件に納品の遅延があった場合は、乙及び売主間でこれを処理・解決するものとする。

6　前項の場合において、甲は乙に対し、何らの責任も負わないものとする。これは本リース物件の引渡し後に不適合が発見された場合も同様とする。

第5条（使用及び保管）乙は、本リース物件を本来の用法に従って使用し、善良なる管理者の注意義務をもって管理しなければならない。

2　乙は、本リース物件を所定の場所で使用し、甲の書面による承諾なく、本リース物件を移動してはならない。

3　乙は、本契約期間中、本リース物件が甲の所有物である旨の表示（プレート）を本リース物件に貼付しなければならない。

4　乙は、本リース物件の使用において必要とする保守管理、修理・修繕は、乙自らの負担で行うものとし、その際に乙が付着させた部品、機器その他について、乙は甲に対し、その所有権を主張してはならない。

5　乙は、本リース物件について、保守管理、修理・修繕の範疇を超える改造その他の変更を行うことはできない。

6　甲は、いつでも本リース物件の使用及び保管の状況を検査することができ、乙は、当該検査に協力しなければならない。

7　乙は、本リース物件の使用及び保管に関連して、乙又は第三者に損害が生じたとしても、自らの責任と負担でこれを処理・解決するものとする。

第6条（リース料）リース料は月額金○○円とし、乙は、令和○年○月から令和○年○月まで、毎月末日限り、甲の指定する銀行口座に振り込み支払う。

第7条（譲渡等の禁止）乙は、本リース物件を第三者に譲渡し、又は転

貸、売却等をしてはならない。

2　乙は、本契約上の権利を第三者に譲渡してはならない。

第8条（第三者による権利侵害）本リース物件に対して、第三者が強制執行、滞納処分による差押え等を行おうとするとき、又は第三者が何らかの権利主張を行うときは、乙は、当該第三者にこの証書を示すなどして本リース物件が甲の所有物であることを主張、立証するとともに、直ちにその旨を甲に通知しなければならない。

第9条（滅失・毀損）本リース物件について甲への返還時までに生じた滅失（天災地変、盗難等により返還不能となった場合、毀損により修理不能となった場合を含む。以下同じ）、毀損による損失はすべて乙の負担とする。ただし、当該滅失又は毀損が甲の責めに帰すべき事由に起因する場合は、この限りではないものとする。

2　乙は、本リース物件が滅失した場合は、リース料総額から支払済のリース料を控除した残リース料総額（以下「残リース料総額」という）を遅滞なく甲に支払うものとし、本リース物件が毀損した場合は自己の負担でその修理を行うものとする。

第10条（損害保険）甲は、本リース物件に関し、甲の負担において、甲の指定する保険会社の動産総合保険を、甲を被保険者として付するものとする。

2　前条第1項に定める事故による損害が本リース物件の滅失であり、前項に定める動産総合保険により担保される場合は、乙は、甲が受領した保険金額を限度として、残リース料総額の支払いを免れるものとする。

3　前条第1項に定める事故による損害が本リース物件の毀損であり、第1項に定める動産総合保険により担保される場合は、甲は、自らが受領した保険金を乙に対し支払うものとする。

4　保険事故が発生した場合、乙は、直ちにその旨を甲に通知するとともに、損害の軽減に努め、甲から請求があるときは、保険金受領に関し必要な一切の書類を甲に交付しなければならない。

第11条（期限の利益喪失）乙が下記の各号の一つに該当する事由が生じたとき、甲は、何らの通知催告を要せず本契約を解除することがで

きる。この場合、乙は、期限の利益を失い、甲に対し直ちに残リース料総額を支払わなければならない。

① 第6条に定めるリース料を○か月滞納したとき

② 自ら振出した手形もしくは小切手が不渡りになった場合又は一般の支払いを停止したとき

③ 差押、仮差押、保全差押もしくは仮処分の申立て又は滞納処分を受けたとき

④ 破産、民事再生、特別清算、会社更生その他裁判上の倒産処理手続の開始申立てを受けた場合又は自らこれらの申立てをしたとき

⑤ 営業の廃止又は解散の決議をしたとき

⑥ 関係官庁から営業停止又は許認可取消等の処分を受けたとき

⑦ 乙の信用状態が著しく悪化したとき

⑧ 本契約上の義務に違反し、その違反が本契約の重大な違反となるとき

第12条（契約終了時の措置） 本契約が契約期間の満了または前条に基づく解除により終了したときは、乙は直ちに自らの負担で、本リース物件を、甲の指定する場所に返還するものとする。

2 本契約の終了時において、乙が本リース物件の返還を遅延した場合には、乙は、遅延損害金として本リース物件の返還完了時まで、第6条に定めるリース料相当額を現金で甲に支払わなければならない。

3 本契約の終了後も、乙が本リース物件を返還しない場合には、甲は乙の承諾を得ることなく、本リース物件の設営場所に立ち入り、本リース物件を撤去・搬出することができるものとする。なお、当該撤去・搬出に要した費用及び当該撤去・搬出時に生じた損害は、乙が負担しなければならない。

4 本契約が前条に基づく解除により終了した場合で、甲が乙から本リース物件の返還を受けたときは、甲はこれを売却し、当該売却代金を、乙に対する債権に充当することができる。

第13条（再リース） 乙は甲に対し、本契約期間満了の○か月前までに所定の通知書で申出を行うことにより、本契約を更に1年間更新（再リース）することができるものする。

2 前項に定める再リースの料金は年額金〇〇円とし、乙は、再リース
　開始時に、甲の指定する銀行口座に振り込み支払う。

3 乙は甲に対し、再リース契約期間満了の〇か月前までに所定の通知
　書で申出を行うことにより、再リース契約と同一条件でさらに1年間
　再更新できるものとし、以後も同様とする。

第14条（通知及び説明義務）乙は、乙自ら及び連帯保証人の住所、氏名、
　商号、代表者の変更、その他本契約の条項に影響を与える事態が発生
　した場合は、甲に対して、直ちに書面によって通知しなければならない。

2 乙からの前項に定める通知がない場合、甲からの郵便物等が到達せ
　ず、又は遅れて到達したとしても、発送された当該郵便物等は、すべ
　て到達すべき時及び到達すべき場所に到達したものとみなされる。

3 乙は、甲から要求があった場合はいつでも、自らの事業の状況を説
　明する資料もしくは本リース物件の管理状況を説明する資料その他甲
　が必要とする資料又はその写しを提出するものとする。

第15条（連帯保証）甲は乙に対し、本契約に基づく乙の債務を担保す
　るため、連帯保証人を立てることを請求することができる。連帯保証
　人は、本契約条項を承認の上、乙及び他の連帯保証人と連帯して本契
　約に基づく債務の完全な履行を保証するものとする。

第16条（遅延損害金）乙は、本契約に基づく金銭債務の履行を遅延し
　たときは、年〇％の割合による遅延損害金を乙に対して支払わなけれ
　ばならない。

第17条（強制執行認諾）乙は、本契約に定める金銭債務の履行を怠っ
　たときは、直ちに強制執行を受けても異議がないことを認諾した。

第18条（証書作成費用）この証書の作成その他本契約に係る費用につ
　いては、甲乙折半してこれを負担するものとする。

第19条（裁判管轄）甲及び乙は、本契約に関する一切の紛争に関しては、
　訴額の如何にかかわらず、甲の本店所在地を管轄する地方裁判所を第
　一審の専属的管轄裁判所とすることに合意する。

以上

本旨外要件

　住　　所　　　　東京都〇〇区××〇丁目〇番〇号

賃貸人　　　　　　株式会社〇〇リース

住　所　　　　　　東京都〇〇区××〇丁目〇番〇号

上代表取締役　　　〇〇〇〇　㊞

昭和〇〇年〇月〇日生

上記の者は印鑑証明書を提出させてその人違いでないことを証明させた。

住　所　　　　　　東京都〇〇区××〇丁目〇番〇号

賃借人　　　　　　〇〇株式会社

住　所　　　　　　東京都〇〇区××〇丁目〇番〇号

上代表取締役　　　〇〇〇〇　㊞

昭和〇〇年〇月〇日生

上記の者は印鑑証明書を提出させてその人違いでないことを証明させた。

上記列席者に閲覧させたところ、各自その内容の正確なことを承認し、次に署名・押印する。

〇〇〇〇　㊞

〇〇〇〇　㊞

この証書は、令和〇年〇月〇日、本公証役場において作成し、次に署名・押印する。

東京都〇〇区××〇丁目〇番〇号

〇〇法務局所属

公証人　　〇〇〇〇　㊞

この正本は、令和〇年〇月〇日、賃貸人株式会社〇〇リースの請求により本職の役場において作成した。

〇〇法務局所属

公証人　　〇〇〇〇　㊞

P o i n t

1　リース契約の特徴

リース契約も、「賃料を払って物を借りる」という点ではレンタル契約などの賃貸借契約と形式的には同じです。ただ、物品を入手するため

の資金調達の目的でリース契約を利用する場合、レンタル契約とは実質的に大きく異なる性質を持ちます。物品を入手する際、自己資金に余裕がなければ銀行融資や割賦購入も考えられますが、自ら指定する物品をリース会社に購入してもらい、その物品をリース会社から借り受けて使用し、その対価として物品の調達コストに見合うリース料を支払うことで、実質的に、リース会社から融資を受けるのと同じ結果を実現することができます。このようなリース契約をファイナンス・リース契約といいます。

リース契約の内容によっては、銀行融資や割賦購入と異なり、リース資産やリース料債務を資産や負債に計上せず（オフバランス化）、また、リース料を損金に計上できる場合があり、大きなメリットとなります。オフバランス化により、筋肉質な財務状態を実現できますし、損金計上により、税負担を少なくすることができます。とくに中小企業ではそのような場合が多くなります。また、リース期間終了後にリース会社が物品を引き揚げるのであれば、借り手としては、購入の場合と異なり、物品の処分の必要がないというメリットもあります。

ファイナンス・リース契約の特徴としては、実質的には融資に近いものであることから、次のようなものがあります。

① 中途解約ができない
② リース期間中のリース料の総額が、物品の調達コストに見合った金額になっている
③ 修理等の維持コストは借り手が負担する

2 当事者の合意がポイント

リース契約も、レンタル契約と同じく法的形式としては賃貸借契約に含まれますから、民法の賃貸借に関する規定が適用されますが、リース物件が動産であれば、どんな特約を設けるかという点について、法律上の厳格な規定はありませんので、当事者が比較的自由に契約の内容を決めることができます。

ただ、「自由に契約の内容を決定できる」ということは、「条件を明確にして互いに合意を得ておかないと、後々トラブルにつながる可能性も高い」ということも意味します。レンタル契約やリース契約を締結する

際には、契約書を作成することはもちろん、公証人による法的見解をふまえて公正証書を作成しておいたほうがよいでしょう。

　公正証書を作成するときには、次のような点について十分に検討・確認しておいてください。

① リース契約の対象物件の形式・品番など

② リース期間（115ページ第3条）

③ リース料および支払方法（116ページ第6条）

④ リース物件の引渡方法（115ページ第4条1項）

⑤ 中途解約の可否（115ページ第3条2項）、および中途解約可能な場合の損害金の発生の有無

⑥ 保守・点検義務者（116ページ第5条）など

　とくに⑥の保守・点検義務者については、ファイナンス・リース契約の場合、通常は物件を借りた側が行いますが、メンテナンス・リース契約の場合は、リース会社が保守・点検を行います。

■ リースとレンタルの違い

	リース契約	レンタル契約
おもな利用目的	会社の設備を整える場合などの事業目的	DVDのレンタルなど、個人的な貸し借りでの利用
おもな対象物件	OA機器、コピー機、医療機器など	DVD、自動車、机、いすなど
目的物の選定方法	借主の要望に沿う物を貸主が購入して貸し出す	レンタル会社が保有している物から借主が選択
期　　間	数年間にわたるケースが多い	日・週・月単位で貸し借りが行われることが多い
中途解約の可否	原則として不可	原則として可能

第4章

不動産売買・借地借家
契約の公正証書

不動産売買契約公正証書

不動産売買契約公正証書

　本公証人は、当事者の嘱託により、下記の法律行為に関する陳述の趣旨を録取し、この証書を作成する。

第1条（売買の成立） 売主○○○○（以下「甲」という）は、買主○○○○（以下「乙」という）に対し、後記記載の不動産（以下「本物件」という）を現状のまま、令和○年○月○日、代金○○○万円（内訳：土地○○万円、建物○○万円、建物消費税○○円）にて乙に売り渡し、乙はこれを買い受けることを約した。

第2条（手付金） 乙は甲に対し、本契約締結と同時に手付金として、金○○万円を支払い、甲はこれを受領した。手付金は、本物件の所有権移転及び引渡し時に、売買代金の一部として、これに充当する。

第3条（所有権の移転及び引渡し） 本物件の所有権は、売買代金全額を乙が甲に支払い、甲がこれを受領したときに、甲から乙に移転するものとする。乙は甲に対し令和○年○月○日までに売買代金を支払うものとし、甲は乙から売買代金の支払いを受けるのと引き換えに乙に対し、本物件の所有権の移転登記に必要となる書類を乙に交付し、本物件を引き渡す。

第4条（負担する権利の除去） 甲は、本物件について、抵当権、質権、先取特権、地上権、賃借権その他乙の完全な所有権行使の障害となる一切の負担及び登記を除去及び抹消しなければならない。これに必要となる費用は甲の負担とする。

第5条（所有権移転登記） 甲は、売買代金全額を受領したときは、甲から乙への本物件の所有権移転登記手続に協力しなければならない。本物件の所有権移転登記に必要な費用は乙の負担とする。

第6条（契約不適合等） 本物件の本契約書記載面積が、実測面積と異なっていたとしても、甲及び乙は、相手方に対し、売買代金の増額あるいは減額の請求その他一切の異議を申し立てないこととする。

2　本契約は本物件を現状有姿にて売買するものであるため、不動産登

記簿その他何らかの公簿、書面又は図面と現状が一致しないことがあったとしても、甲及び乙は相手方に対し、一切の異議を申し立てないこととする。

3　雨漏り、構造部の腐食、給排水設備の故障等、本物件の使用に重大な影響を与える不適合（種類、品質又は数量に関して本契約の内容に適合しないものをいう。以下同じ）があり、本物件の引渡し後○か月以内に発見されたものについて、甲は乙に対し責任を負う。

4　前項の場合において、最初に甲は不適合の修復を試みるものとし、修復が不可能あるいは不相応の費用を要するものであるときは、代金の減額に応じるものとする。

5　前項の規定にかかわらず、本物件の不適合により乙が本契約の目的を達成できない場合、乙は本契約を解除することができる。

6　乙は、第4項及び第5項に定める請求等を除き、本物件に関する一切の修復請求を甲に対して行わない。

第7条（付帯設備等） 甲は、別紙の付帯設備については、これを現状にて乙に引き渡す。付帯設備の代金は、本物件の売買代金に含まれているものとする。

第8条（危険負担） 本物件の乙への引渡し前に、地震、落雷その他甲の責めに帰することができない事由により、本物件が全部滅失したとき及び修復が不可能な状態となったときは、甲及び乙はそれぞれ、本契約を解除することができる。この場合、甲は受領済みの手付金を乙に返還しなければならない。

2　本物件の乙への引渡し前に、地震、落雷その他甲の責めに帰することができない事由により、本物件が一部損傷した場合であって修復が可能であるときは、甲は自らの負担により、これを修復し、乙に引き渡す。

3　別紙付帯設備が引渡し前に、滅失又は損傷したときは、甲はこれを新調又は修復した上で乙に引き渡す。

第9条（公租公課の負担） 本物件に賦課される固定資産税等の租税公課、電気・ガス・上下水道料金その他各種負担金については、引渡し日の前日までの分を甲の負担、引渡し日以降の分を乙の負担として、日割りにより引渡し日に清算する。

第10条（手付解除）甲及び乙は、本日より令和○年○月○日までの間は、相手方に通知の上、本契約を解除することができる。

2　甲が前項の規定により本契約を解除するときは、受領している手付金及び手付金と同額の金銭の合計額を乙に交付するものとする。乙が前項の規定により本契約を解除するときは、支払済みの手付金を放棄するものとする。

第11条（契約違反等による解除）甲及び乙は、相手方が本契約に基づく債務を履行しない場合は、相手方に催告するものとし、催告後もなお履行が得られないときは、本契約を解除することができる。この場合において、契約解除を受けた者は、相手方に対し売買代金の○％相当額の違約金を支払わなければならない。

2　甲が債務不履行をしたときは、乙は、支払済みの手付金に前項に定める違約金を加算した金額の支払いを、甲に請求することができる。

3　乙が債務不履行をしたときは、甲は、受領している手付金を没収するとともに、さらに前項に定める違約金から手付金相当額を差し引いた金員を、乙に請求することができる。

第12条（融資特約による解除）乙は、本物件の買い受けにあたり、○○銀行の融資金○○万円を利用する予定であるが、同行への融資申込みが拒否あるいは減額された場合、乙は、本契約を解除することができる。

2　前項により本契約が解除された場合、甲は受領済みの手付金を乙に全額返還するものとする。

第13条（強制執行認諾）甲及び乙は、本契約による金銭債務を履行しないときは、直ちに強制執行に服する旨を陳述した。

第14条（その他の費用）本契約締結にあたり、公証人に支払う所要の費用については、甲乙は折半によりこれを負担する。

2　本契約書に貼付する印紙代については、甲乙は折半によりこれを負担する。

第15条（裁判管轄）本契約に関する紛争については、○○裁判所を第一審の管轄裁判所とすることに合意した。

第16条（誠実協議）本契約に定めのない事項については、民法その他の法律や規則、不動産取引の一般的慣行に従い、甲乙誠意をもって協

議し、解決に努めることとする。

記

土　　地

所　　在　　○○県○○市○○町○丁目

地　　番　　○番○

地　　目　　○○

地　　積　　○○．○○㎡

建　　物

所　　在　　○○県○○市○○町○丁目○番地○

家屋番号　　○番○

種　　類　　○○

構　　造　　○○

床面積　　○○．○○㎡

以上

本旨外要件

住　　所　　○○県○○区○○町○丁目○番○号

売　　主　　○○○○

職　　業　　会社員　　　㊞

昭和○○年○月○日生

上記の者は印鑑証明書を提出させてその人違いでないことを証明させた。

住　　所　　○○県○○市○○町○丁目○番○号

買　　主　　○○○○　　　㊞

職　　業　　会社員

昭和○○年○月○日生

上記の者は印鑑証明書を提出させてその人違いでないことを証明させた。

　上記列席者に閲覧させたところ、各自その内容の正確なことを承認し、次に署名・押印する。

○○○○　　㊞

○○○○　　㊞

　この証書は、令和○年○月○日、本公証役場において作成し、次に署名・押印する。

○○県○○市○○町○丁目○番○号

　　　　　　　　　　　　　　　　　　　　○○法務局所属

　　　　　　　　　　　　　公証人　　○○○○　　㊞

　この正本は、令和○年○月○日、売主○○○○の請求により本職の
役場において作成した。

　　　　　　　　　　　　　　　　　　　　○○法務局所属

　　　　　　　　　　　　　公証人　　○○○○　　㊞

Ｐｏｉｎｔ

1　契約内容の明確化

　公正証書作成を依頼する際には、契約内容を明確にすることが大切です。売買契約は、当事者が目的物の個性に着目して取引したかどうかによって、特定物売買と不特定物売買に分けられます。

　不動産売買は、広さが同じであればどの土地でもよいわけではなく、目的物の個性（不動産の場所など）に着目しているので、特定物売買に該当するのが原則です。これに対し、大量生産品の売買は、ある種類のものならどれを購入しても品質などは同じであり、目的物の個性に着目していないので、不特定物売買に該当します。契約内容を明らかにする際、目的物を特定するための記載に関しては、特定物売買と不特定物売買とで違いがありますので注意してください。

2　不動産売買契約の注意点

　特定物売買である不動産売買契約の公正証書を作成する上での注意点は、主として以下のとおりです。

①　目的物の特定（第1条）

　不動産売買は特定物売買であり、「この場所のこの土地（建物）がほしい」ということなので、土地の場合は、所在・地番・地積などを記載して特定します。建物の場合は、所在・家屋番号・種類・構造・床面積などを記載して特定します。これらの内容は登記事項証明書で確認することができます。

②　目的物の所有権移転時期（第3条、第5条）

　不動産売買における所有権移転時期は、代金の全額支払いと引き換え

に所有権が移転することにするのが一般的です。しかし、不動産は登記をしないと第三者に所有権を主張できない場合があるため、代金の全額支払いと同時に所有権移転登記をすることが大切です。

③　代金について（第1条、第3条、第12条）

　建物のみ消費税や減価償却の対象となりますので、代金額の土地・建物への適正な割付けが必要です。代金支払時期も明記しておきます。なお、不動産売買では、代金を銀行からの融資をもって一括で支払うことが多く、その場合、買主が融資を受けることができなければ、売買契約を解除できるとする特約を定めます（融資特約）。

④　手付は不動産取引では一般的（第2条）

　不動産取引の際は手付が用いられるのが一般的で、特約を結ばない限り、手付は解約手付の性質を有します。解約手付とは、相手方が履行を開始する時まで、売主からは手付金の倍額を支払うことで、買主からは手付金を放棄することで、自由に契約を解除できるとするものです。

　改正前民法では、買主が売主に解約手付を交付した場合、「当事者の一方が契約の履行に着手するまでは、買主はその手付を放棄し、（売主はその倍額を償還して）」契約の解除ができると規定していました。そのため、売主側が履行に着手していた場合はもちろん、買主側が履行に着手していた場合も、解約手付によって契約を解除することが困難であるように条文を読むことが可能でした。

　もっとも、改正前民法の下でも最高裁判例が、自分自身が履行に着手している場合であっても、相手方が履行の着手に至っていない状況であれば、解約手付による契約の解除が認められるという趣旨の判断を示していました。平成29年成立の改正民法（施行日は令和2年4月1日）では、この最高裁判例の理解を条文に反映させ、相手方が履行に着手していなければ、自らが履行に着手しているか否かを問わず、解約手付による契約の解除が許されることが明記されました。

⑤　危険負担を明確にする（第8条）

　不動産の売買契約においては、危険負担の問題も生じます。危険負担とは、たとえば、建物の売買契約をして引渡しの準備をしていたところ、引渡し前にその建物が、売主・買主いずれにも責任がない放火などが原

因で滅失した場合、買主は建物がないのに代金を支払わなければならないのか、という問題です。平成29年改正民法では、売主・買主双方の責任がない理由で不動産が滅失した場合で、当事者間の特約がないときは、買主が代金の支払いを拒絶できることになりました（106ページ）。改正前民法は、同じ場合においては、特約がなければ、買主が代金を支払わなければならないと定めていました。しかし、危険負担は任意規定であり、契約書で売主・買主双方に責任がない引渡し前の不動産の滅失については買主が支払いを拒絶できるように特約を定めるのが普通でしたので、実務にあまり影響はありません。

　しかし、危険負担については、当事者間の特約によって民法の規定を変更することができます。したがって、危険負担の取扱いについて話し合い、合意した内容を公正証書に明記しておくことが大切です。

■ 売買契約書に記載されるおもな事項 ……………………………

・当事者（売主・買主）の氏名・住所
・売買の対象となる不動産に関する情報（面積・所在地・価格など）
・手付金や中間金についての取り決め
・物件の引渡し時期・所有権移転に関する取り決め（売主の義務など）
・登記に関する取り決め（登記する時期・登記費用の負担）
・地積と販売価格の取り決め（実測・登記簿上のいずれによるものか）
・契約解除と違約金についての取り決め
・ローン利用時の取り決め（ローンの審査に通らなかった場合の対応）
・不可抗力による物件の被害に関する取り決め
・売主の担保責任（契約不適合責任）に関する事項（物件の種類・品質・数量について不適合があった場合の取り決めなど）
・固定資産税・都市計画税などの租税公課の負担に関する取り決め
・その他の特約（反社会的勢力の排除など、特記事項がある場合に記載）

土地賃貸借契約公正証書

土地賃貸借契約公正証書

　本公証人は、当事者の嘱託により、その法律行為に関する陳述の趣旨を録取し、この証書を作成する。

第1条（賃貸物件） 賃貸人○○○○（以下「甲」という）と賃借人○○○○（以下「乙」という）は、○○○○（以下「丙」という）を乙の連帯保証人とし、甲の所有する下記土地（以下「本件土地」という）を乙に賃貸し、乙は建物所有の目的で、これを賃借した。

記

　土　　地
　所　　在　　東京都○○区○○町○丁目
　地　　番　　○○番○
　地　　目　　○○
　地　　積　　○○．○○㎡

第2条（存続期間） 賃貸借の期間は、令和○年○月○日から令和○年○月○日までの○年間とする。

第3条（賃料） 賃料は、月額○○○○円とし、乙は、毎月末日までに翌月分を甲の指定する銀行口座に送金して支払う。

第4条（賃料の増減） 経済事情の変動、公租公課の増減、近隣の家賃との比較等により賃料が不相当になった場合、甲又は乙は、契約期間中でも賃料の増額又は減額を請求することができる。

第5条（賃貸人の承諾を要する事項） 乙は、次のいずれかの場合は、甲の承諾を得なければならない。

① 賃借権の譲渡又は賃借地の転貸もしくは賃借権を担保に供するとき
② 賃借地上の建物の増改築もしくは大修繕をしようとするとき
③ 賃借地上の建物を第三者に譲渡するとき

第6条（中途解約） 乙は、6か月以上の期間をもって予告し、又は6か月相当分の賃料を甲に支払うことにより即時に、本契約を解約するこ

とができる。

第7条（契約解除） 甲は、乙が、次のいずれかに該当するときには、何らの通知又は催告を要せず、直ちに本契約を解除することができる。

① 賃料の支払いを3か月以上怠ったとき

② 強制執行、差押え、破産の申立てがあったとき

③ 本契約の条項に違反したとき

第8条（原状回復） 乙は、契約の解除又は期間の満了等により本契約が終了したときは、本件土地を原状に復した上で、直ちに甲に明け渡さなければならない。

第9条（連帯保証） 丙は、本契約に基づき乙が負担する一切の債務について保証することを約し、乙と連帯して履行する責めに任じることとする。

第10条（強制執行認諾条項） 乙及び丙は、本契約による金銭債務を履行しないときは、直ちに強制執行に服する旨を陳述した。

第11条（その他の費用） 本契約締結にあたり、公証人に支払う所要の費用については、甲乙は折半によりこれを負担する。

2 本契約書に貼付する印紙代については、甲乙は折半によりこれを負担する。

第12条（裁判管轄） 本契約に関する紛争については、○○裁判所を第一審の管轄裁判所とすることに合意した。

以上

＜以下、本旨外要件省略＞

Point

1 借地契約は賃貸借契約が一般的

借地権とは、土地を所有する人（貸主）と土地を借りたい人（借主）との間で設定される、借主の建物所有を目的とする土地賃借権もしくは地上権です。

借主が地上権設定契約を締結した場合は、地上権者として所有者の承諾を得ることなく、土地を他人に貸すことや、地上権それ自体を他人に

譲渡することができるなど、強力な権限が与えられます。その分、地上権のほうが賃貸借よりも高額な地代が設定されることが多いようですが、貸主側にとっては不利な面が多いため、借地契約として締結されるのは土地賃貸借契約が一般的です。

借地契約を締結すると、借主は決められた賃料を払い、契約の範囲内でその土地を使用できるようになります。

2 借地契約の注意点

借地契約を締結するにあたって、とくに重要になる内容として、以下のようなものがあります。また、前提として、貸主は借地契約を締結する際に、借主を特定する必要があります。個人経営の事業者が相手方の場合、借主が会社（法人）なのか経営者個人なのかがあいまいであると、賃料の支払人が特定されず、トラブルの原因となる場合もあります。

① 目的（第1条）

土地の場合は、周辺地域との関係、土地それ自体の価値、貸主と借主の立場の違いなど、考慮すべき点が多くあるため、使用目的によってさまざまな法律の規制が及ぶことに注意を要します。

原則として適用されるのは民法です。とくに土地を一時的に使用する場合、または建物を建てずに資材置き場や駐車場などとして使用する場合は、借地権に該当しないので、借地借家法は適用されず、民法の規定が適用されます。これに対し、建物所有を目的として土地を使用する場合は、借地権に該当するので、借地借家法が民法に優先して適用されます。農地や山林など、宅地以外の土地を使用する場合は、農地法などの制限が及ぶことがあります。

借地契約を締結する際には、これらを念頭に置いて、土地に対してどのような法律が適用されるのかを確認した上で、契約書や公正証書を作成する必要があります。

② 建物所有目的の場合の存続期間（第2条）

借地借家法が適用される建物所有を目的とする土地賃借権や地上権のことを借地権といいます。借地借家法は、借地権の存続期間（契約期間）を「30年以上」と規定するので、存続期間を30年未満に設定することはできません（30年未満に設定したときは「30年」になります）。

また、借地契約を更新する場合、最初の更新は20年以上、2回目以降の更新は10年以上の存続期間を定めるとしています（最初の更新は20年未満に設定したときは「20年」、2回目以降の更新は10年未満に設定したときは「10年」になります）。

　さらに、借地上に建物がある場合は、存続期間が満了しても、借地権者（借主）が契約の更新を請求したときは、原則として、それまでの契約と同じ条件で契約が更新されたとみなされます（存続期間は最初の更新は10年、2回目以降の更新は20年になります）。

　上記の契約更新請求に対し、貸主が契約更新を拒絶するには「正当事由」が必要です。正当事由が認められやすいのは、貸主がその土地を使用すべき重大な理由がある場合や、土地の明渡しと引き換えに代替地の提供や金銭の提供をすることを申し出た場合などです。これらの借地借家法の規定に反し、公正証書に「貸主の意向でいつでも解約することができる」といった特約を盛り込んでも無効となります。

③　契約期間が長いので公正証書の必要性は高い

　このように、借地契約はいったん締結すると、30年以上の長い期間にわたって継続する可能性が高いものです。そのため、存続期間の満了を待たず、契約当事者の一方または双方が死亡し、相続人が権利を引き継ぐことも考えられます。したがって、借地契約を締結する際には、書面を作成することはもちろん、原本を保管している公証役場で公正証書を作成するほうが確実です。また、借地借家法により、存続期間50年以上とすることで、更新のない一般定期借地権を設定できますが、書面（公正証書でなくてもよい）が必要です。一方、事業用建物の所有を目的とする場合は、存続期間10年以上50年未満とすることで、更新のない事業用定期借地権を設定できますが、必ず公正証書が必要です。

建物賃貸借契約公正証書

建物賃貸借契約公正証書

　本公証人は、当事者の嘱託により、下記の法律行為に関する陳述の趣旨を録取し、この証書を作成する。

第1条（契約の趣旨） 賃貸人○○○○（以下「甲」という）は、下記建物（以下「本件建物」という）を、賃借人○○○（以下「乙」という）に賃貸し、乙はこれを借り受けた。

記

建　物

所　在　　○○県○○市○○町○丁目○番地○

家屋番号　　○番○

種　類　　○○

構　造　　○○

床面積　　○○．○○㎡

第2条（使用目的） 乙は、本件建物を居住用のみに使用し、他の目的に使用してはならない。

第3条（賃貸借期間） 本件建物の賃貸借期間は、令和○年○月○日から○年間とする。

第4条（賃料と支払方法） 賃料は1か月○○○円（消費税込み）とし、乙が、毎月末日までに翌月分を甲の指定する銀行口座に送金又は甲の住所に持参して支払うこととする。

第5条（賃料の増減の請求） 前条の賃料が、経済事情の変動、公租公課の増減、近隣の賃料との比較等により不相当となったときは、甲又は乙は、他方の当事者に対し、契約期間中であっても、賃料の増減を請求することができる。

第6条（敷金） 乙は甲に対し、敷金○○○円（賃料の○か月相当分）を預け入れ、甲はこれを受領した。

2　乙は、本件建物を明け渡すまでの間、敷金をもって賃料その他の債

務と相殺することができない。

3　甲は、本件建物の明渡しがあったときは、明渡し日から○○日以内に敷金の全額を無利息で乙に返還しなければならない。ただし、甲は、本件建物の明渡しのときに、賃料の滞納、原状回復に要する費用その他本契約から生じる乙の債務の不履行がある場合には、当該債務の額を敷金から差し引くことができる。

第7条（費用負担）本件建物に関する公租公課は甲の負担とし、電気料金、水道料金、ガス料金、町内会費等は乙が負担することとする。

第8条（禁止事項）乙は、下記事項を遵守しなければならない。

①　甲の承諾なく、本件建物を他に転貸し、又は本賃借権を譲渡しない。

②　本件建物の用法を変更しない。

③　危険な物品の製造又は保管をしない。

第9条（造作、改築）乙が本件建物につき造作を施し、その他改築を行うときは、事前に甲の書面による承諾を得なければならない。

2　乙は甲に対し、造作の買取りの請求をすることはできない。

第10条（修繕）甲が、本件建物の保存に必要な修繕をする場合、乙はこれを拒むことはできず、その場合、乙が賃借をした目的を達成することができないときは、乙は本契約を解除することができる。

2　本件建物の主要部分についての修繕は甲が行い、それ以外の日常の部分的な修繕は乙が費用を負担して行うこととする。

第11条（契約の解除）乙に次の事由が発生したときは、甲は催告を要せず、直ちに本契約を解除することができる。

①　第4条に定める賃料の支払いを2か月以上怠ったとき。

②　その他本契約の他の条項に違反したとき。

第12条（契約の消滅）天災、火災等により本件建物を通常の用に供することができなくなった場合、又は都市計画等により本件建物が収用又は使用制限され、賃貸借を継続できなくなった場合、本契約は当然に消滅することとする。

第13条（解約の予告）乙は、本契約の解約をしようとする場合、退去日前3か月以上の猶予期間をおくか、又は解約申込日から3か月相当分の賃料等を甲に支払うことにより即時に、本契約を解約することが

できる。

第14条（原状回復義務）乙は、本契約が終了したときは、直ちに本件建物を原状に復し、甲に明け渡さなければならない。

第15条（連帯保証）連帯保証人○○○○（以下「丙」という）は、乙と連帯して、本契約から生じる一切の債務を負担することとする。

第16条（強制執行認諾）乙及び丙は、本契約による金銭債務の履行をしないときは、直ちに強制執行に服する旨を陳述した。

第17条（公証人費用）本契約締結にあたり、公証人に支払う所要の費用については、甲乙は折半によりこれを負担する。

第18条（裁判管轄）本契約に関する紛争については、○○裁判所を第一審の管轄裁判所とすることに合意した。

以上

本旨外要件

住　所　○○県○○市○○町○丁目○番○号

職　業　会社員

賃貸人　○○○○　㊞

昭和○○年○月○日生

上記の者は印鑑証明書を提出させてその人違いでないことを証明させた。

住　所　○○県○○市○○町○丁目○番○号

職　業　会社員

賃借人　○○○○　㊞

昭和○○年○月○日生

上記の者は印鑑証明書を提出させてその人違いでないことを証明させた。

住　所　○○県○○市○○町○丁目○番○号

職　業　会社員

連帯保証人　○○○○　㊞

昭和○○年○月○日生

上記の者は印鑑証明書を提出させてその人違いでないことを証明させた。

上記列席者に閲覧させたところ、各自その内容の正確なことを承認し、次に署名・押印する。

○○○○　㊞

　　　　　　　　　　　　　　　　　　　　○○○○　　㊞
　　　　　　　　　　　　　　　　　　　　○○○○　　㊞
　　この証書は、令和○年○月○日、本公証役場において作成し、次に
署名・押印する。

　　　　　　　　　　　　　　○○県○○市○○町○丁目○番○号
　　　　　　　　　　　　　　○○法務局所属
　　　　　　　　　　公証人　○○○○　　㊞
　　この正本は、令和○年○月○日、賃貸人○○○○の請求により本職
の役場において作成した。

　　　　　　　　　　　　　　　　　　○○法務局所属
　　　　　　　　　　公証人　○○○○　　㊞

Ｐｏｉｎｔ

1　借地借家法が優先される

　　建物の賃貸借契約については、借地借家法が適用されます。賃貸借の
対象となる建物は、一戸建て住宅、アパート・マンションの1室あるい
はその全体、オフィスビルのワンフロアなど、当事者が合意すれば、建
物の広さや目的は問われません。借主は、貸主に賃料を支払うことで、
借りた建物を契約の範囲内で使用する権利（賃借権）を取得します。

　　建物賃貸借に関しては、借地権と同じように、民法よりも借地借家法
の規定が優先されます。借地借家法では、契約の更新や解約などについ
て、借主の権利を強く保護する規定が置かれています。

2　建物賃貸借の注意点

　　建物賃貸借には通常の賃貸借契約とは違う制限や特徴があります。契
約書の作成にあたっては、次のような点に注意が求められます。

①　存続期間に関する定め（第3条）

　　賃貸借契約の場合、いつからいつまで貸借するという存続期間（賃貸
借期間）が重要項目のひとつです。民法が定める賃貸借契約の場合、当
事者が特約を定めていても、存続期間の上限は50年です（改正民法の
施行前は20年が上限）。しかし、建物賃貸借の場合は、50年という存

続期間の上限は適用されませんので、当事者間で合意すれば、50年を超える存続期間を設定した借家契約を結ぶことが可能です。

　もっとも、存続期間を1年未満とする建物賃貸借は、「期間の定めのない契約」であるとみなされます。建物賃貸借は、存続期間の定めがある場合と、その定めがない場合とで、取扱いが異なりますから、存続期間を定めるかどうかは明確に決めておくべきです。

② 解約の予告（第13条）

　借家契約の場合、期間の定めがない場合は、当事者双方から解約の申入れができますが、貸主からの解約には正当事由（134ページ）が必要です。解約申入れがあると、借主からの解約の場合は3か月（特約があればその期間）の経過、貸主からの解約の場合は6か月（特約で短くすることはできない）の経過によって借家契約が終了します。

　これに対し、期間の定めがある場合は、当事者双方からの存続期間中の解約（中途解約）はできません（存続期間中でも賃料不払いや無断転貸などの契約違反を理由とする解除は可能です）。ただし、中途解約を認める特約があれば、解約申入れが可能です。つまり、存続期間を定めた上で中途解約の余地を残すときは、必ず特約が必要ということです。第13条は借主（乙）からの中途解約を認める特約として位置づけることができます。

　なお、貸主からの中途解約については、6か月以上の猶予を置いて解約申入れをする（賃料相当額の支払いによる即時解約は許されません）とともに、正当事由を必要とする条項を定めることが必要とされています。これよりも借主に不利になる条項は無効になります（借地借家法30条）。

③ 敷金（第6条）

　借家契約では、借主から貸主に対し、おもに敷金の名目で賃料の数か月分の金銭が支払われることがあります。賃料の滞納や建物の破損などがあった場合に、その支払いに充当することを目的として、貸主が担保として預かる性質の金銭です。建物賃貸借において、敷金に関するトラブルは非常に多いため、必ず契約書に敷金の金額やその返還条件などを明記することが求められます。

平成29年改正民法では、かつては規定がなかった「敷金」の定義に関する規定を設けました。具体的には、敷金とは「いかなる名目によるかを問わず、賃料債務その他の賃貸借に基づいて生ずる賃借人の賃貸人に対する金銭の給付を目的とする債務を担保する目的で、賃借人が賃貸人に交付する金銭をいう」と規定しました。賃貸借契約において別の名称であっても、借主の賃料などの債務を担保する目的で給付される金銭は、広く敷金に含まれることになります。そして、以前から敷金の返還時期をめぐって争いが多かったため、敷金の返還時期について、特約があるときを除き、「賃貸借が終了し、かつ、賃貸物の返還を受けたとき」であることを明確にしました。

④　使用細則

　マンションやアパートなどの集合住宅では、複数の借主がエレベーター、階段、廊下などの共用部分をいっしょに使うことになります。このような共用部分を借主が自分の都合で使うようになると、借主間のトラブルに発展しかねません。このため、賃貸する部屋内の使用方法の他、共用部分の使用方法についても決めておく必要があります。

　契約書に全部を記載する方法もありますが、後に改正する可能性があることを考えると、別に管理規約の中に「使用細則」（管理規約に基づいて管理規約を補完するために細かい事項を定めるもの）を作った上で、契約書に「管理規約を遵守する」との条項を設けるなどの形をとるほうがよいでしょう。

■ 敷金 ･･･

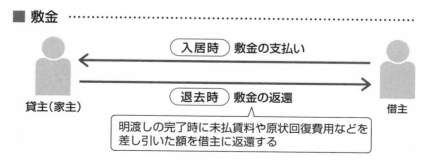

取り壊し予定のある建物賃貸借契約公正証書

建物賃貸借契約公正証書（取り壊し予定）

　本公証人は、当事者の嘱託により、その法律行為に関する陳述の趣旨を録取し、この証書を作成する。

第1条（契約の趣旨） 賃貸人○○○○（以下「甲」という）は、令和○年○月○日に○○法により取り壊しとなる下記建物（以下「本件建物」という）を、賃借人○○○○（以下「乙」という）に賃貸し、乙はその取り壊し日前日までに本件建物を明け渡すことを約し、これを借り受けた。

記

　建　　物
　所　　在　　○○県○○市○○町○丁目○番地○
　家屋番号　　○番○
　種　　類　　○○
　構　　造　　○○
　床面積　　○○．○○㎡

第2条（使用目的） 乙は、本件建物を居住用としてのみに使用し、他の目的に使用してはならない。

第3条（賃貸借期間） 本件建物の賃貸借期間は、令和○年○月○日から本件建物の取り壊し日前日の令和○年○月○日までとし、更新はないものとする。

第4条（賃料と支払方法） 賃料は1か月○○○円（消費税込み）とし、乙が、毎月末日までに翌月分を甲の指定する銀行口座に送金して支払うこととする。

第5条（賃料の増減の請求） 前条の賃料が、経済事情の変動、公租公課

の増減、近隣の賃料との比較等により不相当となったときは、甲又は乙は、他方の当事者に対し、契約期間中であっても、賃料の増減を請求することができる。

第6条（敷金） 乙は甲に対し、敷金〇〇〇円（賃料の〇か月相当分）を預け入れ、甲はこれを受領した。

2　乙は、本件建物を明け渡すまでの間、敷金をもって賃料その他の債務と相殺することができない。

3　甲は、本件建物の明渡しがあったときは、明渡し日から〇〇日以内に敷金の全額を無利息で乙に返還しなければならない。ただし、甲は、本件建物の明渡しのときに、賃料の滞納、原状回復に要する費用その他の本契約から生じる乙の債務の不履行がある場合には、当該債務の額を敷金から差し引くことができる。

第7条（費用負担） 本件建物に関する公租公課は甲の負担とし、電気料金、水道料金、ガス料金、町内会費等は乙が負担することとする。

第8条（禁止事項） 乙は、下記事項を遵守しなければならない。

①　甲の承諾なく、本件建物を他に転貸し、又は本賃借権を譲渡しない。

②　本件建物の用法を変更しない。

③　危険な物品の製造又は保管をしない。

第9条（造作、改築） 乙が本件建物につき造作を施し、その他改築を行うときは、事前に甲の書面による承諾を得なければならない。

2　乙は甲に対し、造作の買取りの請求をすることはできない。

第10条（修繕） 甲が、本件建物の保存に必要な修繕をする場合、乙はこれを拒むことはできず、その場合、乙が賃借をした目的を達成することができないときは、乙は本契約を解除することができる。

2　本件建物の主要部分についての修繕は甲が行い、それ以外の日常の部分的な修繕は乙が費用を負担して行うこととする。

第11条（契約の解除） 乙に次の各号のいずれかが発生したときは、甲は催告を要せず、直ちに契約を解除することができる。

①　第4条に定める賃料の支払いを3か月以上怠ったとき。

② その他本契約の他の条項に違反したとき。

第12条（契約の消滅） 天災、火災等により本件建物を通常の用に供することができなくなった場合、又は都市計画等により本件建物が収用又は使用制限され、賃貸借を継続できなくなった場合、本契約は当然に消滅することとする。

第13条（解約の予告） 乙は、本契約の解約をしようとする場合、退去日前３か月以上の猶予期間をおくか、又は解約申込日から３か月相当分の賃料等を甲に支払うことにより即時に、本契約を解約することができる。

第14条（原状回復義務） 乙は、本契約が終了したときは、直ちに本件建物を原状に復し、甲に明け渡さなければならない。

第15条（連帯保証） 連帯保証人○○○○（以下「丙」という）は、乙と連帯して、本契約から生じる一切の債務を負担することとする。

第16条（強制執行認諾） 乙及び丙は、本契約による金銭債務の履行をしないときは、直ちに強制執行に服する旨を陳述した。

第17条（公証人費用） 本契約締結にあたり、公証人に支払う所要の費用については、甲乙は折半によりこれを負担する。

第18条（裁判管轄） 本契約に関する紛争については、○○裁判所を第一審の管轄裁判所とすることに合意した。

以上

<以下、本旨外要件省略>

Point

　本書式の建物賃貸借契約は、後に取り壊される建物を目的とした「取壊し予定の建物の賃貸借」（借地借家法39条）です。取壊し予定の建物の賃貸借は、都市計画法や土地収用法に基づく土地収用に伴い建物が取り壊される場合など、法律または契約によって取り壊すことが明らかな場合に限って適用されます。たとえば、賃貸住宅が建てられている土地が区画整理の対象となり、建物の取壊しが決まっている場合や、裁判上

の和解や民事調停などにより、建物の取り壊し義務が確定している場合などに適用されます。

　通常の建物賃貸借契約であれば、耐用年数が残っているにもかかわらず、借主に退去してもらって家屋を建て直し、貸主がその家屋を自ら利用することを考えている場合などは、原則として、貸主が借主に立退料を支払う必要があります（契約終了や解約の正当事由を認めてもらうために支払います）。これに対し、取り壊し予定の建物の賃貸借では、あらかじめ建物を取り壊すこととなる時に賃貸借契約が終了することがわかっており、契約終了や解約につき正当事由は不要であるため、立退料の支払いも不要という特徴があります。そのためには、契約書に法令または契約により建物を取り壊す事由を具体的に明記しておく必要があります。

　取り壊し予定の建物の賃貸借に関する契約内容は、通常の建物賃貸借契約とほぼ同じですが、注意すべき事項は賃貸借期間（存続期間）です。契約締結の際には、賃貸借期間が取り壊し予定日の前日までであることの条項を入れておきます（第3条）。

■ 立退料の支払が不要な場合（借家契約）‥‥‥‥‥‥‥‥‥‥‥

①一時使用のための借家契約
例：一時的に建物を賃貸した場合

②定期借家契約（定期建物賃貸借）
例：契約の更新がないことを前提に建物を賃貸した場合

③取壊し予定の建物の賃貸借
例：一定の期間の経過後に取り壊すことが明らかな建物を賃貸した場合

④借主に債務不履行がある場合
例：借主が契約の際に定めたルールを守らなかった場合（賃料滞納・無断転貸など）

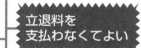
立退料を
支払わなくてよい

一般定期借地権設定契約公正証書

定期借地権設定契約書

　本公証人は、当事者の嘱託により、その法律行為に関する陳述の趣旨を録取し、この証書を作成する。

第1条（定期借地権の設定） 貸主○○○○（以下「甲」という）は、借主（以下「乙」という）に対して、下記の土地（以下「本件土地」という）を賃貸し、乙は、建物所有のみを目的としてこれを借り受け、以下の条項により借地借家法第22条に規定する定期借地権設定契約（以下「本契約」という）を締結する。

記

所　　在　東京都○○区××○丁目
地　　番　○○番○
地　　目　○○
地　　積　○○.○○㎡

第2条（賃貸借期間と更新） 賃貸借期間は、令和○年○月○日から令和○年○月○日までの50年間とする。

2　本契約は、これを更新しないものとする。前項の期間が満了する場合およびその期間が満了した後、乙が本件土地の使用を継続する場合にも、乙は契約の更新を請求することができない。

第3条（賃料と支払方法） 賃料は1か月、金○○万円とする。

2　乙は、毎月○日までに翌月分を甲の指定する銀行口座に送金してこれを行う。ただし、甲の住所地に持参することを妨げない。

第4条（賃料の増額請求） 前条の賃料が経済事情の変動、公租公課の増額、近隣の賃料との比較等により、不適当となったときは、甲は、契約期間中であっても、賃料の増額の請求をすることができる。

第5条（借地権の譲渡等） 乙は、書面によって甲の承諾を得ずに、本契

約に基づく借地権を譲渡し、または本件土地を転貸してはならない。

第6条（中途解約）乙は、6か月以上の期間をもって予告し、又は6か月相当分の賃料を甲に支払うことにより即時に、本契約を解約することができる。

第7条（契約の解除）甲は、乙が次の各号の一に該当したときは、直ちに本契約を解除することができる。

① 　第3条に定める賃料の支払いを3か月分以上延滞したとき

② 　その他本契約に違反したとき

2 　前項の事由において甲につき、損害が生じた場合には、乙は甲に対し、損害賠償責任を負うこととする。

第8条（建物再築）第2条の期間の満了前に、本件建物が滅失した場合は、たとえ乙が新たに建物を築造したときでも、本契約は期間満了により当然に終了するものとする。

第9条（契約終了における明渡し）乙は、本契約が終了したときは、直ちに本件土地を原状に復して甲に明け渡さなければならない。

2 　乙は、本契約が終了した場合において、前項の明渡しが完了するまでの間、日額○○○○円の損害金を支払うこととする。

第10条（建物買取請求の禁止）乙は、甲に対し、本契約終了のときに、本件土地上の建物その他の乙における本件土地に付属せしめた物の買取りを求めることを行ってはならない。

第11条（立退料請求の禁止）乙は、本件土地の明渡しの際に、甲に対し、移転料その他の名目で、これに類する一切の金銭上の請求をしてはならない。

第12条（執行認諾約款）乙は、本契約上の金銭債務を履行しないときは、直ちに強制執行に服するものとする。

第13条（公正証書の作成）甲および乙は、本契約の内容につき、公正証書を作成することに合意し、公正証書の作成にかかる費用については、甲乙は折半により負担するものとする。

第14条（協議事由）当契約書に定めのない事項は、甲乙、協議の上、別途、定めることとする。

第15条（合意管轄）本契約において、当事者の権利関係に紛争が生じ

た場合、甲の住所地の管轄地方裁判所を第一審裁判所とすることに甲乙双方は合意する。

以上

本旨外要件

住　　所	○○県○○市○○町○丁目○番○号
職　　業	会社員
賃貸人	○○○○　㊞
	昭和○○年○月○日生

上記の者は印鑑証明書を提出させてその人違いでないことを証明させた。

住　　所	○○県○○市○○町○丁目○番○号
職　　業	会社員
賃借人	○○○○　㊞
	昭和○○年○月○日生

上記の者は印鑑証明書を提出させてその人違いでないことを証明させた。

上記列席者に閲覧させたところ、各自その内容の正確なことを承認し、次に署名・押印する。

○○○○　㊞

○○○○　㊞

この証書は、令和○年○月○日、本公証役場において作成し、次に署名・押印する。

○○県○○市○○町○丁目○番○号
○○法務局所属
公証人　　○○○○　㊞

この正本は、令和○年○月○日、賃貸人○○○○の請求により本職の役場において作成した。

○○法務局所属
公証人　　○○○○　㊞

1 更新のない借地権

定期借地権の最大の特徴は、存続期間（契約期間）が満了すると、更新することなく契約が終了する点です。借地の供給を確保するために創設された制度です。通常の借地権（普通借地権）では、貸主が契約の更新を拒否するには「正当事由」が必要とされますが、定期借地権ではそのような制限もありません。借地借家法では、定期借地権として、一般定期借地権（22条）、事業用定期借地権（23条）、建物譲渡特約付借地権（24条）の３つを規定しています。

2 一般定期借地権設定契約の注意点

一般定期借地権を設定するには、50年以上の存続期間を定めた上で、①契約の更新をしない、②建物の築造による存続期間の延長をしない、③建物買取請求をしない、という３つの特約をすべて定めることが必要です。本書式では第２条・第８条・第10条で定めています。

一般定期借地権は、書面によって契約することが義務づけられていますが、公正証書にすることは必須ではありません。しかし、存続期間が長期に渡るので、公正証書にしておくのが安心です。

■ 契約の存続期間と終了 ……………………………………………

| | 普通借地権 | 定 期 借 地 権 | | | |
		一般	事業用		建物譲渡特約付
借地権の存続期間	30年以上	50年以上	10年以上30年未満	30年以上50年未満	30年以上
契約の終了	存続期間満了＋正当理由	存続期間満了	存続期間満了	存続期間満了	借地上の建物を譲渡したとき
契約の方式	法律上は口頭でも可	公正証書などの書面で契約	契約書を必ず公正証書にする		法律上は口頭でも可

事業用定期借地権設定契約公正証書

事業用定期借地権設定契約公正証書

　本公証人は、当事者の嘱託により、その法律行為に関する陳述の趣旨を録取し、この証書を作成する。

第1条（本件契約の目的）　賃貸人○○株式会社（以下「甲」という）は賃借人○○株式会社（以下「乙」という）に対して、下記記載の土地（以下「本件土地」という）を、借地借地法23条2項に規定する事業用定期借地権設定契約によって賃貸する。

2　乙は、本件土地を下記記載の建物（以下「本件建物」という）を所有する目的で、借り受ける。

　（土地）
　　　　　　所在　　○○県○○市○町○丁目
　　　　　　地番　　○○番○
　　　　　　地目　宅地
　　　　　　地積　　○○.○○㎡
　（建物）
　　　　　　所在　　○○県○○市○○町○丁目○○番○
　　　　　　家屋番号　　○○番○
　　　　　　種類　宅地
　　　　　　構造　○○
　　　　　　床面積　　○○.○○㎡

第2条（事業のために使用することの合意）　甲と乙は、甲が乙に対し、○○事業の用に供する本件建物を所有する目的で本件土地を賃貸し、乙がこれを借り受けること、および、本件契約に借地借家法23条2項が適用されることを確認する。

第3条（本件契約の契約期間と更新）本件契約の契約期間は、令和○年○月○日から令和○年○月○日までの15年間とする。

2　乙による本件土地の使用の継続いかんにかかわらず、前項の期間が満了した場合、賃貸借契約は終了する。

3　本件契約は、これを更新しないものとする。前項の期間が満了する場合およびその期間が満了した後、乙が本件土地の使用を継続する場合にも、乙は契約の更新を請求することができない。

第4条（賃料と支払方法）本件契約に基づく賃料は、1か月につき金○○万円とする。

2　賃料の支払方法につき、乙は、毎月末日限り翌月分を甲の指定する銀行口座に送金する方法にてこれを行うこととする。賃料の持参は、これを受け付けないものとする。

3　甲は、前項の賃料が公租公課の増額その他経済事情の変動等により近隣土地の地代に比較して不相当となったときは、賃料の増額を請求することができる。

第5条（借地人の義務）乙は、事前の甲の書面による承諾を得た場合を除き、本件契約に基づく賃借権の譲渡ないし本件土地の転貸をなし、または本件建物に増改築を施してはならない。

第6条（建物の滅失）第3条の期間満了前に本件建物が滅失（乙による本件建物の取壊しを含む）した場合、乙は、甲に対し、本件契約の解約を書面により申し入れることができるものとする。この場合、解約申入れの日から6か月経過したときに、本件契約は終了する。

第7条（中途解約）乙は、6か月以上の期間をもって予告し、又は6か月相当分の賃料を甲に支払うことにより即時に、本件契約を解約することができる。

第8条（契約の解除）甲は、乙が次の各号の一に該当したときは、直ちに本件契約を解除することができる。

①　3か月分以上の賃料の支払いを怠ったとき

②　その他本件契約の条項に違反したとき

2　前項の事由において、甲に損害が生じた場合には、甲は乙に対し、損害賠償請求することができる。

第9条（原状回復義務）本件契約が終了したときは、乙は、直ちに建物を収去し、本件土地を原状に復し、これを甲に明け渡さなければならない。

2　甲は、原状に復していないと判断した場合には、乙に対し、原状回復についての異議を申し出ることができ、乙はその指示に従うこととする。

3　乙は、本件契約終了に際し、乙が本件建物その他の工作物の買取りを請求できないものとする。

第10条（損害金）乙は、本件契約終了後、本件土地の明渡し完了まで、１日につき、金○○○○円の損害金を支払わなければならない。

第11条（立退料等請求禁止）乙は本件契約終了の場合、甲に対して、本件土地の明渡しを原因とした移転料、立退料その他いかなる名称にかかわらずそれらに類する金銭的要求をしてはならない。

第12条（裁判合意管轄）甲および乙は、本件契約に関する当事者間の紛争については、甲の住所地を管轄する地方裁判所を第一審の管轄裁判所とすることに合意する。

第13条（協議事由）当契約書に定めのない事項は、甲乙、協議の上、別途、定めることとする。

以上

＜以下、本旨外要件省略＞

Ｐｏｉｎｔ

1　事業用定期借地権は事業用の建物所有を目的とする

　事業用定期借地権は「専ら事業用の建物の所有を目的とする」ことが条件です。居住用建物の所有のために設定することはできません。もっぱら事業用の建物の所有を目的とするのであれば、借地人の居住の利益を保護する必要がないので、存続期間は「10年以上50年未満」に限定され、借主は借地権を更新することができません。

　かつての事業用定期借地権は事業用借地権と呼ばれており、存続期間も「10年以上20年以下」でした。しかし、大規模商業施設（アウト

レットモールやショッピングセンター）のように20年を超えて土地を利用することが予定される施設もあり、上限20年では事業用借地権の利用が難しいケースが多いという問題がありました。そのため、平成20年1月に改正借地借家法が施行され、上限が「20年以下」から「50年未満」に引き上げられ、それに伴って名称を事業用定期借地権に変更したという経緯があります。

2　必ず公正証書を作成する

　事業用定期借地権には「10年以上30年未満」「30年以上50年未満」の2種類に分類されます（148ページ図）。いずれも設定する際に「公正証書」を必ず作成しなければならない点は共通しています。事業用定期借地権には事業用建物の所有目的という制約があるため、法律の専門家である公証人に関与してもらうことで、居住用建物の所有目的で設定するなどの違法行為が行われないようにしています。

3　存続期間30年以上の場合は3つの特約を必ず定める（第3条第2項、第6条、第9条第3項）

　事業用定期借地権のうち「10年以上30年未満」を存続期間とした場合は、当事者間で特約を定めなくても、①契約更新がない、②建物築造による存続期間延長がない、③建物買取請求権がない、という効力が生じます。ただ、当事者間で明確化しておくために、公正証書には①〜③について記載するのが通常です。

　しかし、存続期間を「30年以上50年未満」とする場合は、①契約の更新をしない、②建物の築造による存続期間の延長をしない、③建物買取請求をしない、という3つの特約をすべて定めなければなりません。特約が1つでも欠けていると事業用定期借地権は成立せず、通常の借地権として扱われると考えられています。

　なお、借主が事業用定期借地権を第三者に主張するためには、借地権の登記または借地上の建物登記（借主名義）が必要です。借地権の登記申請の際には、登記申請書に事業用定期借地権であることを必ず記載しなければなりません。

建物譲渡特約付借地権設定契約公正証書

建物譲渡特約付借地権設定契約公正証書

　本公証人は、当事者の嘱託により、その法律行為に関する陳述の趣旨を録取し、この証書を作成する。

第1条（建物譲渡特約付借地権の設定）　賃貸人○○○○（以下「甲」という）は、別紙目録(1)記載の土地（以下「本件土地」という）を、賃借人○○○○（以下「乙」という）に対し、借地借家法第24条に規定する建物譲渡特約付借地権設定契約によって賃貸し、乙は本件土地上に別紙目録(2)に記載する建物（以下「本件建物」という）を建築して所有する目的をもって借り受けた。

第2条（賃貸借期間）　本件土地の賃貸借期間は、令和○年○月○日から30年間とする。

第3条（賃料と支払方法）　賃料は1か月○○○円とし、乙が、毎月月末までに翌月分を甲の指定する銀行口座に送金又は甲の住所に持参して支払うこととする。

第4条（賃料の増減の請求）　前条の賃料が、経済事情の変動、公租公課の増減、近隣の賃料との比較等により不相当となったときは、甲又は乙は、他方の当事者に対し、契約期間中であっても、賃料の増減を請求することができる。

第5条（転貸等の禁止）　乙は、甲の書面による承諾なく、本件土地を転貸し、本借地権を譲渡し、本件土地上に所有する建物に担保権を設定し、又は本件土地上に所有する建物の増改築をすることができない。

第6条（建物譲渡特約）　乙は、本契約終了時、本件建物を甲に譲渡し、甲はこれを買い受ける。

2　前項の譲渡代金は甲乙協議の上定めることとし、協議が整わないときは、甲乙が選任した不動産鑑定士の鑑定結果に従う。この鑑定費用

は、甲乙が各2分の1の割合で負担する。

3　甲は、乙に対し、本件建物の譲渡代金を、本件建物の引渡し及び第9条の建物所有権移転請求権仮登記の本登記手続と同時に支払う。

第7条（借地権の消滅）本借地権は、本契約終了と同時に消滅する。

第8条（関係書類の引渡し）乙は甲に対し、第6条第3項の引渡しと同時に、本件土地上の建物の築造及び増改築に係る設計図面又は竣工図等の書類、本件土地上の建物の賃貸借契約書、その他本件土地上の建物の管理及び運営に必要な書類一切を引き渡すこととする。

第9条（仮登記）乙は、本件建物の完成後、直ちに甲に対し所有権移転請求権仮登記をしなければならない。この登記に要する登録免許税・登記申請費用は、甲の負担とする。

第10条（契約の解除）乙に次の各号のいずれかが発生したときは、甲は催告を要せず、直ちに本契約を解除することができ、それによって生じた損害の賠償を請求することができる。

①　第3条に定める賃料の支払いを3か月以上怠ったとき。

②　その他本契約の他の条項に違反したとき。

第11条（強制執行認諾）乙は、本契約による金銭債務を履行しないときは、直ちに強制執行に服する旨を陳述した。

第12条（その他の費用）本契約締結にあたり、公証人に支払う所要の費用については、甲乙は折半によりこれを負担する。

2　本契約書に貼付する印紙代については、甲乙は折半によりこれを負担する。

第13条（裁判管轄）本契約に関する紛争については、○○裁判所を第一審の管轄裁判所とすることに合意した。

以上

＜以下、本旨外要件省略＞

　一般定期借地権は、存続期間が50年以上でなければなりません。しかし、借地上に借主が建てた建物を地主（貸主）が相当価格で買い取る建物譲渡特約付借地権は、存続期間を30年以上とする定期借地権として設定することができます。そのため、建物譲渡特約付借地権設定契約を締結する際には「借地権を消滅させるために借地上の建物を借地権設定者に譲渡する」という特約（第6条第1項）を定めることが必要です。つまり、建物譲渡特約付借地権の場合は期間満了時に借主が土地を更地にする必要がなく、地主・借主双方に経済的メリットがあるということです。

　地主にとっては、建物の対価の準備が必要ですが、譲り受けた後は建物の所有者になって家賃収入を得ることなどができるため、賃貸マンション建設などの場合に建物譲渡特約付借地権を活用することが増えているようです。建物譲渡特約付借地権は、業者が地主から土地を借り、ビルやマンションを建てて一定期間賃料収入を得た後、そのビルやマンションを地主に売却する、というビジネスモデルとしてある程度確立しています。

　建物譲渡特約付借地権設定契約は、書面ですることが義務づけられていませんので、口頭でも契約は成立しますが、書面で契約を結ぶのが一般的です。建物は居住用・事業用いずれの用途でもかまいません。建物譲渡特約付借地権について公正証書などの書面を作成する際には、建物の所有権移転時期や対価の決め方（第6条第2項、第3項）、借地権消滅の時期（第7条）などについて、具体的に記載しておくことが大切です。

定期建物賃貸借契約公正証書

定期建物賃貸借契約書

　本公証人は、当事者の嘱託により、その法律行為に関する陳述の趣旨を録取し、この証書を作成する。

第1条（本契約の目的）貸主○○住建株式会社（以下「甲」という）は、借主○○○○（以下「乙」という）に対して、下記の建物（以下「本件建物」という）を賃貸し、乙はこれを借り受け、以下の条項により借地借家法第38条に規定する定期建物賃貸借契約（以下「本契約」という）を締結する。

記

　　　所　　　在　　東京都○○区○○×丁目××番地×
　　　家屋番号　　○○番○
　　　構　　　造　　木造瓦葺2階建て
　　　床面積　　　○○.○○㎡

第2条（使用目的）乙は、居住を目的として本件建物を使用する。

第3条（契約期間）契約期間は令和○年○月○日から令和○年○月○日までの○年間とする。

2　甲は、前項に規定する期間満了の1年前から6か月前までに、乙に対して、期間の満了により本契約が終了する旨を書面によって通知するものとする。

3　甲は、前項に規定する通知をしなければ、本契約の終了を乙に主張することができず、乙は、第1項に規定する期間の満了後においても、本件建物を引き続き賃借することができる。ただし、甲が前項の通知期間の経過後、乙に対し、期間の満了により本契約が終了する旨の通知を行った場合には、その通知を行った日から6か月の経過をもって、本契約は終了する。

第4条（本契約期間の更新の有無）本契約は、前条の期間の終了によりその効力を失い、更新しないこととする。

2　前条と異なる方法により、甲乙協議の上、本契約の終了の翌日を起

算日とする新たな賃貸借契約を行うことを妨げない。

第５条（賃料と支払方法等） 賃料は月額○○万円（消費税込み）とする。

2　乙は、毎月○日までにその翌月分の賃料を甲のあらかじめ指定する銀行口座に振り込んで支払うものとする。なお、甲の住所地に持参することを妨げない。

3　１か月に満たない期間の賃料は、１か月を30日として日割計算した額とする。

4　第１項に定める賃料が、公租公課の増減により、または不動産の価格の上昇もしくは低下その他の経済事情の変動により、近傍類似の物件と比較して不相当と認めるときは、甲または乙は、将来に向かってその増減を請求することができる。

第６条（敷金） 乙は、本契約に関して生ずる乙の債務を担保するため、本契約の成立と同時に、甲に対し敷金として金○○万円を預託する。

2　本契約の終了に伴い、乙が、本件建物を原状に復して明け渡した場合において、甲は本契約に基づいて生じた乙の債務で未払いのものがあるときは、敷金から未払債務額を差し引いて乙に返還する。返還すべき金銭には利息を付さない。

3　乙は、本件建物を原状に復して甲に明け渡すまでの間、敷金返還請求権をもって甲に対する賃料その他の債務と相殺することができない。

第７条（賃借権の譲渡・転貸・原状変更等） 乙は、次の場合には、甲の書面による承諾を得なければならない。

①　名義、形式のいかんを問わず、第三者に対し、本契約に基づく賃借権を譲渡し、または本件建物を転貸するとき

②　本件建物の模様替え、造作、その他の原状を変更するとき

第８条（中途解約） 乙は、１か月以上の期間をもって予告し、又は１か月相当分の賃料を甲に支払うことにより即時に、本契約を解約することができる。

第９条（契約の解除） 甲は、乙が以下の各号に掲げる事項に該当したときは、本契約を解除することができる。

①　第５条に定める賃料の支払いを３か月分以上延滞したとき

②　その他本契約に違反したとき

第10条（明渡し） 乙は、本契約が終了する日までに、本件建物を明け

渡さなければならない。この場合において、乙は、本件建物を原状に復しなければならない。

2　乙は、前項の明渡しをするときには、明渡日を事前に甲に書面にて通知しなければならない。

3　甲および乙は、第1項に基づいて乙が行う原状回復の内容および方法について双方がこれを協議するものとする。

第11条（再契約）甲は、再契約の意向があるときは、第3条第2項および第3項に規定する通知の書面に、その旨を付記しなければならない。

第12条（連帯保証）連帯保証人○○○○（以下「丙」という）は、本契約に基づき乙が甲に対して負担する一切の債務につき、乙と連帯して履行の責に任ずる。

第13条（執行認諾約款）乙および丙は、本契約上の金銭債務を履行しないときは、直ちに強制執行に服するものとする。

第14条（公正証書の作成）甲および乙は、本契約の内容につき、公正証書を作成することに合意し、公正証書の作成にかかる費用については、甲乙は折半により負担するものとする。

第15条（管轄）　本契約に関する当事者間の紛争については、○○地方裁判所を第一審の専属的合意管轄裁判所とする。

第16条（協議）甲および乙は、本契約に定めがない事項および本契約の条項の解釈について疑義が生じた場合は、民法その他の法令および慣行に従い、誠意をもって協議し、解決するものとする。

以上

＜以下、本旨外要件省略＞

Point

1　契約の更新がない定期建物賃貸借契約

契約期間が満了することで、更新されることなく確定的に賃貸借契約が終了する建物賃貸借のことを定期建物賃貸借契約（定期借家契約）といいます。通常の建物賃貸借契約（借家契約）と違い、定められた契約期間を満了すると、正当事由の有無に関係なく、契約を終了することができる契約です。

定期建物賃貸借契約は、期間満了時に契約関係が終了することを公正証書などの書面によって明確にしなければなりません。書面による証拠を残し、後日トラブルが起きることを防止するためです。

2　定期建物賃貸借契約の注意点

　借主からすれば、定期建物賃貸借契約の締結は、契約の更新が認められない点で、手厚い法的保護を放棄することになります。そのため、貸主は、定期建物賃貸借契約を締結する際は、公正証書などの書面によって契約するとともに、借主に対し、あらかじめ契約の更新がないことや期間満了時に契約が終了することを書面を交付して説明することが必要です。さらに、契約期間が１年以上の場合は、期間満了の１年〜６か月前までに「期間満了により契約が終了する」ことを通知しなければ（第３条２項）、借主に対し契約の終了を主張できません。この通知は証拠が残るように、内容証明郵便で行うのが理想的ですが、通常は下記のような内容の書面を送ります。

■ 定期建物賃貸借契約の終了通知の例 ………………………………

建物賃貸借契約終了のお知らせ

令和○年　○月　○日

○○県○○市○○町○丁目○番○号
　借　主　○○○○　殿

　私は貴殿との間で、下記建物に対して、定期建物賃貸借契約を締結しています。契約の終了期間が残り１年となりましたので、貴殿と締結している建物の賃貸借契約が令和○年○月○日に終了することを通知致します。

記

所　　在　　　○○県○○市○○町○丁目○番地○
家屋番号　　　○番○
種　　類　　　○○
構　　造　　　○○
床面積　　　　○○．○○㎡

東京都○○区○○町○丁目○番○号
貸　主　○○○○　㊞

規約設定公正証書

　本公証人は、当事者の嘱託により、その法律行為に関する陳述の趣旨を録取し、この証書を作成する。

第１条（規約の設定） 嘱託人は、下記の建設中の建物（以下「本件建物」という）について、建物の区分所有等に関する法律第32条に基づいて規約を定める。

　　名　　称　○○マンション

　　所在地　○○県○○市○○町○○番地○

　　構　　造　○○

　　床面積　○○．○○㎡

　　完成予定日　令和○年○月○日

第２条（専有部分の所有権） 嘱託人は、本件建物の専有部分の全部を所有する。

第３条（土地の所有権） 嘱託人は、下記土地（以下「本件土地」という）の所有権を有する。

　　土　　地

　　所　　在　○○県○○区○○町○丁目

　　地　　番　○○番○

　　地　　目　○○

　　地　　積　○○．○○㎡

第４条（規約共用部分の設定） 下記建物を、区分所有者全員の共用に供すべき共用部分と定める。

　（1）○○室

　（2）○○場

　（3）○○部分

第５条（規約敷地の設定） 下記土地を、本件建物の敷地と定める。

　　土　　地

　　所　　在　○○県○○区○○町○丁目

```
　地　番　○○番○
　地　目　○○
　地　積　○○．○○㎡
　土　地
　所　在　○○県○○区○○町○丁目
　地　番　○○番○
　地　目　○○
　地　積　○○．○○㎡
第６条（敷地利用権の割合）　第１条の本件建物の専有部分にかかる本
　件土地の敷地利用権の割合は、別表のとおりとする。
　　　　　　　　　　　　　　　　　　　　　　　　　　　　　以上

　　　　　　　　　＜以下、本旨外要件省略＞
```

Point

1　分譲業者による規約の作成

　分譲マンションやオフィスビルをはじめとする区分所有建物には、住
居、店舗、事務所などのために利用する構造上区分された「専有部分」
の他に、廊下、ロビー、エレベーターといった専有部分の所有者（区分
所有者）などが共同で利用する「共用部分」があります。

　区分所有建物については、区分所有法（建物の区分所有等に関する法
律）が規律を設けていますが、区分所有建物の利用状況はそれぞれで違
いますから「規約」（管理規約）を作ることを認めています。

　規約の定めは、その区分所有建物の区分所有者および占有者（専有部
分の賃借人など）に対して効力を及ぼし、「規約を制定するかどうか」
「どんな内容の規約を作るか」といったことは、区分所有者の決議に
よって定めることになっています。

　しかし、新規に分譲されるマンションなどの場合、区分所有者全員が
集まって話し合いをするまでかなりの時間がかかりますし、何の規約も
決まっていない状態で購入すると、区分所有建物の利用方法について区
分所有者間で紛争が生じかねません。そのため、区分所有法32条では、

分譲業者のように「最初に建物の専有部分の全部を所有する者」が、公正証書によって規約を定めることを認めています。これを「公正証書による規約」といいます。

2　規約を定める際の注意点

　分譲業者が公正証書による規約によって定めることができる事項は、以下の4つに限定されています。

①　規約共用部分について（第4条）

　本来は専有部分となるはずの部分を、規約の定めによって共用部分とすることができます。これを規約共用部分といいます。たとえば、管理事務所、集会室、ゲストルームといった場所が該当します。

②　規約敷地の定め（第5条）

　区分所有建物の敷地には法定敷地と規約敷地があります。区分所有建物が建築されている土地を法定敷地というのに対し、建築されていない土地で区分所有者が建物および建物が所在する土地と一体として管理または使用をする土地を規約敷地といいます。たとえば、駐車場、庭園、通路などが規約敷地に該当します。

③　専有部分と敷地利用権の分離処分

　専有部分と敷地利用権の一体性を確保するため、区分所有者は、自らが所有する専有部分とその専有部分にかかる敷地利用権とを分離して処分できないのが原則です。敷地は区分所有者全員で共有（賃借権や地上権の場合は準共有）しており、専有部分の床面積の割合に応じて、各区分所有者が敷地利用権（共有持分）を持つのが原則です。しかし、規約に定めがあれば分離処分が可能になりますが、分離処分を認める規約を設ける例は少なく、本書式でも分離処分を認める条項は設けていません。

④　専有部分にかかる敷地利用権の割合（第6条）

　分譲業者のように区分所有建物の専有部分の全部を所有する場合、敷地利用権の割合は、各々の専有部分の床面積の割合に応じて決まり、この割合が購入者である区分所有者に引き継がれるのが原則です。

　しかし、規約の定めがあれば、これと異なる敷地利用権の割合を決めることができます。

第5章

遺言・贈与・任意後見・離婚給付・不動産等信託などの公正証書

遺言公正証書

　本公証人は、遺言者○○○○の嘱託により、証人○○○○、証人○○○○の立会いの下、下記遺言者の口授を筆記し、この証書を作成する。

第1条（長男の相続分） 長男○○○○に、下記を相続させる。

記

土　地

所　在　　○○県○○市○○町○丁目

地　番　　○番○

地　目　　○○

地　積　　○○．○○㎡

建　物

所　在　　○○県○○市○○町○丁目○番地○

家屋番号　○番○

種　類　　○○

構　造　　○○

床面積　　○○．○○㎡

第2条（長女の相続分） 長女○○○○に、下記を相続させる。

記

土　地

所　在　　○○県○○市○○町○丁目

地　番　　○番○

地　目　　○○

地　積　　○○．○○㎡

建　物

所　在　　○○県○○市○○町○丁目○番地○

家屋番号　○番○

種　類　○○

構　造　○○

床面積　○○．○○㎡

第３条（妻の相続分）妻○○○○に、前２条記載以外の遺産のすべてを相続させる。

第４条（祭祀の主宰）祖先の祭祀を主宰するものとして、○○○○を指定する。

第５条（遺言執行者）本遺言の執行者として、下記の者を指定する。

住　所　○○県○○市○○町○丁目○番○号

氏　名　○○○○

昭和○○年○月○日生

以上

本旨外要件

住　所　○○県○○市○○町○丁目○番○号

職　業　会社員

遺言者　○○○○　㊞

昭和○○年○月○日生

上記の者は印鑑証明書を提出させてその人違いでないことを証明させた。

住　所　○○県○○市○○町○丁目○番○号

職　業　会社員

証　人　○○○○　㊞

昭和○○年○月○日生

住　所　○○県○○市○○町○丁目○番○号

職　業　会社員

証　人　○○○○　㊞

昭和○○年○月○日生

上記遺言者及び証人に閲覧・読み聞かせたところ、各自筆記の正確なことを承認し、下記に署名・押印する。

○○○○　㊞

○○○○　㊞

○○○○　㊞

この証書は民法第969条第1号ないし第4号の方式に従い作成し、同条第5号に基づき下記に署名・押印する。

　令和〇年〇月〇日下記本職の役場において。

〇〇県〇〇市〇〇町〇丁目〇番〇号

〇〇法務局所属

公証人　〇〇〇〇　㊞

　この正本は、令和〇年〇月〇日、遺言者〇〇〇〇の請求により本職の役場において作成した。

〇〇法務局所属

公証人　〇〇〇〇　㊞

■Point■

1　公正証書遺言のメリット

　公正証書遺言を作成すると、①公証人という法律の専門家の確認を受けながら確実な遺言書を作成できる、②原本が公証役場に保管されるので紛失などの心配がない、③遺言の存在を第三者に確実に伝えることができる、といったメリットを得ることができます。

　もう一つ、大きなメリットといえるのが、遺言者の死亡後の「検認」の手続きが不要になる点です。検認とは、家庭裁判所に遺言書を提出し、遺言書の形状や修正などの状態、日付、署名、押印などの確認を受ける手続きのことです。自筆証書遺言や秘密証書遺言は、検認の手続きをする必要があり、この手続きをせずに遺言を執行したり、勝手に開封したりすると、5万円以下の過料（行政上の罰のことで刑法上の刑罰ではない）に処せられます。検認は遺言書の改ざんや偽造を防ぐための手続きですが、公正証書遺言であれば、あらかじめ公証人という法律の専門家が関与しているので、改ざんや偽造の心配がないというわけです。また、法務局において保管されている自筆証書遺言に関して交付される「遺言書情報証明書」についても、検認の必要はありません。

2　公正証書遺言の作成時の注意点

　公正証書によって遺言を作成する際には、次の点に注意します。

① **証人を用意しておく**

　公正証書遺言の成立要件として「証人２人以上の立ち会い」がありますが、以下にあてはまる人は証人の資格がありません（974条）。

・未成年者

・推定相続人、受遺者（遺言により遺産の全部または一部を受ける者として指定された者）、これらの配偶者および直系血族

・公証人の配偶者、４親等内の親族、書記および使用人

　証人を準備できそうにない場合は、公証役場に相談すると、証人を有料で紹介してもらうことができます。

② **必要な書類を用意しておく**

　手続きをスムーズに進めるため、以下の書類を用意しておきます。

　　・本人の確認……遺言者本人の印鑑証明書など

　　・遺言の内容を明らかにする書面……遺贈する財産の証明書（登記事項証明書、有価証券、預貯金の残高証明書など）、相続人・受遺者の証明書（戸籍謄本、住民票など）など

③ **遺留分**

　兄弟姉妹以外の相続人は、民法が規定する割合に相当する額を遺留分として受け取る権利があります。遺留分を無視した遺言も無効ではありませんが、遺留分をもつ相続人が、受遺者や生前贈与を受けた人に対し、遺留分を侵害された額の金銭の支払いを請求する可能性があります。

④ **遺言執行者**

　遺言者は、遺言で１人または数人の遺言執行者を指定できます。未成年者や破産者以外の人は、遺言執行者になる資格がありますが、相続に利害関係がなく、財産管理の手続きに詳しい人、たとえば弁護士などを選任することが多くなっています。

任意後見契約公正証書

任意後見契約公正証書

　本公証人は、当事者の嘱託により、その法律行為に関する陳述の趣旨を録取し、この証書を作成する。

第1条（契約の趣旨） 委任者○○○○（以下「甲」という）は、受任者○○○○（以下「乙」という）、に対し、令和○年○月○日、任意後見契約に関する法律に基づき、甲が将来精神上の障害により事理を弁識する能力が不十分な状況となったときの甲の生活、療養看護及び財産の管理に関する事務（以下「後見事務」という）を委任し、乙はこれを受任した。

第2条（契約の発効） 前条の任意後見契約は、任意後見監督人が選任されたときから、その効力を生ずる。

2　本契約締結後、甲が精神上の障害により事理を弁識する能力が不十分な状況になり、乙が本契約による後見事務を行うべき状況になったときは、乙は、家庭裁判所に対し任意後見監督人の選任を請求しなければならない。

3　本契約の効力発生後における甲と乙との間の法律関係については、任意後見契約に関する法律及び本契約に定めるものの他、民法の規定に従う。

第3条（後見事務の範囲） 甲は、乙に対し、別紙「代理権目録」記載の後見事務（以下「本件後見事務」という）を委任し、その事務処理のための代理権を付与する。

第4条（本人の意思の尊重等） 乙は、本件後見事務を行うにあたっては、甲の意思を尊重し、かつ、その心身の状態及び生活の状況に配慮しなければならない。

第5条（証書等の保管等） 乙は、甲から本件後見事務の処理のために必要な証書及びこれらに準ずるもの（以下「証書等」という）の引渡しを受け、これを保管するとともに、本件後見事務を処理するために必

要な範囲でこれを使用することができる。

2　乙は、本契約の効力発生後、甲以外の者が前項の証書等を占有または所持しているときは、その者から証書等の引渡しを受けて、自らこれを保管することができる。

第6条（費用の負担）　乙が本件後見事務を処理するために必要な費用は甲の負担とし、乙は、その管理する甲の財産からこれを支出することができる。

第7条（報酬）　甲は、本契約の効力発生後、乙に対し、本件後見事務の処理に対する報酬として毎月末日限り金○○円を支払うこととし、乙は、その管理する甲の財産からその支払いを受けることができる。

2　前項の報酬額が次の各号のいずれかにより不相当となった場合は、乙は、甲及び任意後見監督人と協議の上、これを変更することができる。

①　甲の生活状況又は健康状態の変化

②　経済情勢の変動

③　その他現行報酬額を不相当とする事情の発生

3　前項の場合において、甲がその意思を表示することができない状況にあるときは、乙は、任意後見監督人の書面による同意を得てこれを変更することができる。

第8条（報告）　乙は、任意後見監督人に対し、○月ごとに、本件後見事務に関して書面で報告する。

2　乙は、任意後見監督人の請求があるときは、速やかにその求められた事項について報告をする。

第9条（契約の解除）　甲又は乙は、任意後見監督人が選出されるまでの間は、いつでも公証人の認証を受けた書面によって、本契約を解除することができる。

2　甲又は乙は、任意後見監督人が選出された後は、正当な事由がある場合に限り、家庭裁判所の許可を得て、本契約を解除することができる。

第10条（契約の終了）　本契約は、次の各号の場合に終了する。

①　甲又は乙が死亡又は破産手続開始決定を受けたとき

②　乙が後見開始の審判を受けたとき

③　甲が任意後見監督人に選任された後に、法定後見（後見・保佐・

補助）開始の審判を受けたとき

④　本契約が解除されたとき

以上

本旨外要件

住　所　○○県○○市○○町○丁目○番○号

職　業　無職

委任者　○○○○　㊞

昭和○○年○月○日生

上記の者は運転免許証を提出させてその人違いでないことを証明させた。

住　所　○○県○○市○町○丁目○番○号

職　業　会社員

受任者　○○○○　㊞

昭和○○年○月○日生

上記の者は運転免許証を提出させてその人違いでないことを証明させた。

　上記列席者に閲覧させたところ、各自その内容の正確なことを承認し、次に署名・押印する。

○○○○　㊞
○○○○　㊞

　この証書は、令和○年○月○日、本公証役場において作成し、次に署名・押印する。

○○県○○市○○町○丁目○番○号
○○法務局所属
公証人　○○○○　㊞

　この正本は、令和○年○月○日、委任者○○○○の請求により本職の役場において作成した。

○○法務局所属
公証人　○○○○　㊞

（別紙代理権目録は省略）

Ｐｏｉｎｔ

1 成年後見制度について

高齢、病気、障害などの事情により、自分の財産管理や契約などに関する判断ができない状態になることがあります。このような状態になった本人の権利や財産を守る制度が「成年後見制度」です。

本人に対し、後見人（本人の権利や財産を守る人のこと）をつける方法には、民法に基づくものと、任意後見契約法（任意後見契約に関する法律）に基づくものがあります。民法に基づくものは法定後見と呼ばれ、たとえば、成年後見人をつける場合、本人は家庭裁判所の審判を受ける段階で、すでに「精神上の障害により事理を弁識する能力を欠く常況（判断能力が欠けている状態）」であることが要件となります。

一方、任意後見契約法に基づくものは任意後見と呼ばれ、将来後見人が必要となる可能性を感じている本人が、自分の判断で後見人を選任できます。実際に選任した人に後見人になってもらうのは、本人が後見人を必要する精神状態になった後ですが、法定後見の審判を待たずに財産管理などを任せることができる、という意味で安心感があります。この「将来の後見人」（任意後見受任者といいます）を選任するのが任意後見契約です。

2 任意後見契約の注意点（第2条など）

任意後見契約法3条には、「任意後見契約は、法務省令で定める様式の公正証書によってしなければならない」と規定されています。ただし、本人と任意後見受任者の間で任意後見契約を結んだだけでは、任意後見は開始されません。将来、本人の判断能力が不十分になったときに、任意後見受任者などが家庭裁判所に申し立てて、任意後見監督人を選任してもらった時点で、任意後見受任者が「任意後見人」となって、任意後見が開始されます。

公正証書の様式については公証人に確認をしてもらえますが、公正証書にする内容は本人と任意後見契約を受任する相手方の話し合いで決めることですので、以下の点に注意しながら進めるようにしましょう。

① **必要な書類を準備する**

当事者の身元を確認する書類が必要です。本人の戸籍謄本、住民票、印鑑登録証明書、任意後見を受任する人の住民票（法人である場合は登記事項証明書）、印鑑登録証明書などが挙げられます。

② **代理権を与える範囲を特定する（第3条）**

任意後見受任者が任意後見人になったときに、具体的にどのような仕事を任せるかを決めておく必要があります。任意後見人が行う仕事として、財産の管理、契約の代理といったものが挙げられますが、たとえば、どの不動産の売却や、どの預貯金の投資について代理権を認めるのか、などを決めるわけです。なぜなら、任意後見契約は、本人と任意後見受任者との間で自由に契約内容を定めることができるのが原則ですが、契約内容に基づいて代理権が与えられるため、任意後見人は、任意後見契約で与えられた範囲内でしか本人を支援できないからです。任意後見契約で与えられた権限の範囲が狭すぎたり、代理権だけでは対応できない場合、本人の支援を十分に行えませんが、代理権の範囲を増やすような変更は認められていません。このような変更をする場合は、新たに任意後見契約を結ばなければならないことに注意が必要です。

③ **公証人と面接する**

任意後見契約を締結する際には、本人と任意後見受任者となる人が公証人と直接面接することになっています。本人の身体的な状況などにより、公証役場に出向くことができない場合は、公証人に出張してもらって面接を行います。

④ **手数料**

任意後見契約の公正証書を作成する際にかかる費用としては、次のようなものがあります。その他、登記嘱託の書留郵便料がかかります。

・公証役場の手数料……11,000円
・法務局に納める印紙代および登記嘱託料……4,000円

⑤ **報酬（第7条）**

任意後見人が報酬をもらう場合には、金額の記載をします。報酬をどのような形（本人の財産から報酬を受けるなど）でもらうのかについても記載します。

財産管理等委任契約書

　本公証人は、当事者の嘱託により、その法律行為に関する陳述の趣旨を録取し、この証書を作成する。

第1条（契約の目的） 委任者（以下「甲」という）は、受任者（以下「乙」という）に対して、甲の財産の管理に関する事務を委任し、乙はこれを受任する。

第2条（委任事務の範囲） 甲は、乙に対して、次の各号に掲げる事務（以下「本件委任事務」という）を委任し、本件委任事務の処理のために代理権を付与する。

① 甲の全財産の管理、保存

② 金融機関との間で行われる預貯金の管理、口座の変更・解約

③ 甲の経営する不動産事業につき、定期的な収入（家賃、その他の給付等）の受領

④ 市区町村をはじめとする行政官庁への手続きの一切

第3条（委任事務についての報告）

1　乙は、本件委任事務を処理するにあたり、事務処理日誌、財産目録その他必要な書類を作成することとする。

2　乙は、甲に対して、少なくとも1か月ごとに本件委任事務の処理の状況につき、前項に掲げた書類を提出することとする。

3　甲は、乙に対して、いつでも本件委任事務の処理の状況につき、報告を要求することができる。

第4条（費用の負担） 本件委任事務の処理の際に必要となる費用については、甲が負担するものとする。

第5条（報酬） 甲は、乙に対して、本件委任事務の処理の対価として、月額3万円を支払うものとする。

第6条（契約の解除） 甲及び乙は、いつでも本件委任契約を解除するこ

とができる。

第7条（契約の終了） 本件委任契約は、甲又は乙に次の各号のいずれかの事項が生じた時に終了する。

① 甲又は乙が死亡し、又は破産手続開始の決定を受けた時

② 乙が成年後見開始の審判を受けた時

本旨外要件

住　所　　○○県○○市○○町○丁目○番○号

職　業　　無職

委任者　　○○○○　㊞

昭和○○年○月○日生

　上記の者は運転免許証を提出させてその人違いでないことを証明させた。

住　所　　○○県○○市○町○丁目○番○号

職　業　　会社員

受任者　　○○○○　㊞

昭和○○年○月○日生

　上記の者は運転免許証を提出させてその人違いでないことを証明させた。

　上記列席者に閲覧させたところ、各自その内容の正確なことを承認し、次に署名・押印する。

○○○○　㊞

○○○○　㊞

　この証書は、令和○年○月○日、本公証役場において作成し、次に署名・押印する。

　○○県○○市○○町○丁目○番○号

○○法務局所属

公証人　○○○○　㊞

　この正本は、令和○年○月○日、委任者○○○○の請求により本職の役場において作成した。

○○法務局所属

公証人　○○○○　㊞

1 財産管理等委任契約（任意代理契約）とは

　判断能力が衰える前から、財産管理などを信頼できる人にまかせたい場合には、自分にかわって財産を管理してもらうように財産管理等委任契約を結びます。まかせる人に代理権を与えることから、任意代理契約と呼ばれることもあります。代理権には、法定後見のように法律によって生じる法定代理がありますが、このような委任契約などによって生じる任意代理もあります。財産管理等委任契約（任意代理契約）では、財産管理の他に身上監護の事務をまかせる契約を結ぶことができます。任意代理契約も、任意後見契約と同時に結ぶことができます。

2 任意後見契約と財産管理等委任契約（任意代理契約）の違い

　任意後見契約は、判断能力があるときに契約を結んでおき、実際に判断能力が衰えたときに任意後見が開始するものですから（171ページ）、本人の判断能力がある間は利用できないといえます。一方、財産管理等委任契約（任意代理契約）は、任意後見が開始するまでの間も、本人を支援してもらうために結ぶことができる契約です。

　このような違いの他に、任意後見契約と財産管理等委任契約（任意代理契約）では、以下の点で異なります。

　任意後見契約を締結する場合は、公正証書を作成しなければなりませんが、任意代理契約の契約書は、公正証書であることを要しません。また、任意後見契約の場合は、任意後見の開始時に、本人を支援する人（任意後見人）を監督する任意後見監督人がつきますが、任意代理契約の場合は、特別に定めなければ代理人を監督する人がつきません。

　さらに、本人の判断能力については、不十分になった場合に開始する任意後見契約と比べて、財産管理等委任契約（任意代理契約）の場合には不十分でない場合にも効果を生じさせることができます。なお、任意代理契約も任意後見契約も、契約を結ぶ時点では本人の判断能力が必要になります。

　以上から、判断能力が低下して初めて開始する成年後見制度や任意後見に先立って、諸々の事情があるので判断能力が低下する前から自分の財産管理をだれかにまかせたい場合や、身体に障害があり行動範囲が制

限されるので財産管理をだれかに代理して行ってもらいたい場合などは、財産管理等委任契約（任意代理契約）を結ぶとよいでしょう。

3　作成上の注意点

　財産管理を頼む相手（受任者）が決まったら、受任者に依頼する項目や付与する権限を定める財産管理等委任契約を締結することになります。契約書は当事者間で自由に作成することもできますが、法律の専門家である公証人に作成してもらうことで後々のトラブルを防ぐことが可能になります。公正証書の作成手続は、以下の流れで行うことになります。

①　受任者への依頼内容の決定

　公証役場には、財産管理等委任契約書のひな型がおいてあります。このひな型を参考にして、権限を与えすぎるような項目を削除・修正し、足りない項目を加えます。このように、必要なものか不要なものかを取捨選択した上で、自分の状況にあった契約内容を決定します。

②　本人確認書類

　運転免許証、パスポート、マイナンバーカード、顔写真付きの住民基本台帳カードのいずれかと認印、または交付後３か月以内の印鑑証明書と実印が必要です。

③　公証人への相談

　事前に電話で連絡した上で、公正証書による契約書作成日を予約しておくとよいでしょう。依頼を受けた公証人が作成した契約書の原案を確認し、必要があれば修正を依頼します。確認を終えたら、当事者が公証役場に出向き、公証人が公正証書による契約書を作成します。

死後事務委任契約書

　本公証人は、当事者の嘱託により、その法律行為に関する陳述の趣旨を録取し、この証書を作成する。

第1条　委任者北山太郎（以下「甲」という）は、受任者南川正司（以下「乙」という）に対し、甲の死亡後における事務を委任し、乙はこれを受任する。

2　甲は、乙に対し、甲の死亡後における次の事務（以下「本件死亡事務」という）を委任する。

（1）　親族および関係者への連絡

（2）　葬儀、納骨、埋葬、永代供養

（3）　医療費・施設利用料など一切の債務弁済事務

（4）　家財道具・生活用品などの整理・処分

（5）　行政機関などへの手続き

（6）　上記(1)から(5)までの事務に関する費用の支払い等

第2条　甲は、乙に対し、本件死亡事務の処理をするにあたり、乙が復代理人を選任することを承諾する。

第3条　第1条第2項(1)の親族および関係者は下記のとおりとし、乙は、甲の死亡後直ちに連絡する。

（1）　親族

①　妹　北山　恵理

②　従弟　東島　四郎

（2）　関係者

①　株式会社ノースマウンテン　総務課

②　北丸子町内会　会長　西林　次郎

第4条　第1条第2項(2)の葬儀は、北丸子ホールにて行い、納骨は丸子寺に依頼する。

2 　前項に要する費用は、金300万円を上限とする。

第5条　第1条第2項(3)の債務弁済にあたっては、それぞれの契約に従って行う。

第6条　第1条第2項(4)の家財道具・生活用品などの整理・処分にあたっては、第3条(1)の親族に形見分けを行い、残余のものについては、乙において処分する。

第7条　第1条第2項(5)の行政機関などへの手続きは、法律の定めるところにより行う。

第8条　乙が、本件死亡事務を行うにあたり必要な費用に充当するため、甲は乙に1000万円預託する。

2 　乙は、本件死亡事務を行うにあたり必要な費用を預託金より使用するとともに帳簿に記録し、すべての事務が終了した後、甲の親族に報告する。

3 　すべての事務の終了後、第1項の預託金に余りがあるときは、甲の相続財産として、甲の親族に返還するものとし、不足を生じたときは甲の親族に請求する。

第9条　甲は、乙に本契約に基づく事務委任の報酬として、金30万円を支払う。

令和○年○月○日

　　　　　　　　　　　甲　　東京都大田区北丸子二丁目25番17号

　　　　　　　　　　　　　　　　北山　太郎　㊞

　　　　　　　　　　　乙　　東京都大田区中丸子一丁目11番8号

　　　　　　　　　　　　　　　　南川　正司　㊞

本旨外要件

住　所　　○○県○○市○○町○丁目○番○号

職　業　　無職

委任者　　○○○○　㊞

昭和○○年○月○日生

　　上記の者は運転免許証を提出させてその人違いでないことを証明させた。

住　所　○○県○○市○町○丁目○番○号

職　業　会社員

受任者　○○○○　㊞

昭和○○年○月○日生

　上記の者は運転免許証を提出させてその人違いでないことを証明させた。

　上記列席者に閲覧させたところ、各自その内容の正確なことを承認し、次に署名・押印する。

○○○○　㊞

○○○○　㊞

　この証書は、令和○年○月○日、本公証役場において作成し、次に署名・押印する。

　○○県○○市○○町○丁目○番○号

○○法務局所属

公証人　○○○○　㊞

　この正本は、令和○年○月○日、委任者○○○○の請求により本職の役場において作成した。

○○法務局所属

公証人　○○○○　㊞

Point

1　死後事務とは

　万全な準備の総仕上げとして、自分の死後についても考える必要があります。自分の死後、その事実を親族や友人などに伝え、必要な手続き・届出を行ってくれるのはだれでしょうか。「死後」と言うと相続を思い浮かべがちですが、他にも自分の死後に必要な事務（死後事務）は多いです。それを見越して準備することは、残された人への思いやりともいえます。おもな死後事務には次ページ図に記載するものがあります。

2　死後事務委任契約とは

　自分の死後に生じる手続きを第三者（受任者）に行ってもらうよう定める契約を死後事務委任契約といいます。これは原則として自由に内容を定

めることができる契約で、委任契約の一種です。本来委任契約は当事者の一方が死亡すると終了しますが、死後事務委任契約は、本人（委任者）が死亡した場合に受任者が行うべき事務を定めておくことができます。

　死後事務委任契約の結び方は大きく２つに分かれます。一つは、死後事務委任契約のみを結ぶ方法です。受任者との間で自分の死後の事務についての契約を結びますが、公正証書で作成するのが基本です。

　もう一つは、財産管理等委任契約の特約事項として、死後事務委任契約を含める方法も考えられます。この場合、財産管理等委任契約の受任者に、自分の死後の事務についても依頼することになります。信頼できる相手として選んだ人に死後事務もまかせたい場合、この特約事項で定める方法をとると、契約関係も複雑にならずにすみます。

3　契約締結上の注意点

　自分の死後も関係者ができるだけスムーズに動けるように、事前に準備できるものは、文書などに残しておくようにします。たとえば、自分の死亡の連絡を行う相手についても、事前にリストアップしておくと、受任者はすばやく動けます。

　葬儀についての希望がある場合は、喪主となる人と相談しておくのが理想的です。家財道具や生活用品なども日頃から整理するよう心がけ、自分の死後に処分してほしいものについては、死亡の連絡を行う相手と同様、リストアップしておくとよいでしょう。パソコンやスマートフォンなど、さまざまな情報が入っている電子機器の扱いについても、忘れずに破棄処分などの指示をしておきましょう。

■ おもな死後事務の種類 ……………………………………………

・死亡の連絡（親族・知人などの関係者）
・役所への届出や加入団体等への退会届出
・葬儀の準備・手続きなど、お墓の準備（納骨、埋葬など）、永代供養の手続き
・医療費の清算
・介護施設・老人ホームへの支払い、その他の債務の弁済
・遺品の整理・処分とそれについて必要になる費用の支払

生前契約書

　本公証人は、当事者の嘱託により、その法律行為に関する陳述の趣旨を録取し、この証書を作成する。

第1条　北山太郎（以下「甲」という）と株式会社北丸子葬儀社（以下「乙」という）とは、甲の死亡後における葬儀他の諸手続きについて以下のとおり契約を締結する。

2　甲は、乙に対し、甲の死亡後における次の事務を委任し、乙はこれを受諾する。

　⑴　親族や関係者への連絡

　⑵　葬儀の手続き

　⑶　納骨、埋葬、永代供養の手続き

　⑷　賃貸住居の退去手続き

　⑸　一切の債務弁済事務

　⑹　行政機関などへの手続き

　⑺　上記⑴から⑹までの事務に関する費用の支払い等

第2条　乙は、本契約の事務については、乙自身もしくは、乙に雇用された者のみが行い、第三者に再委任しない。

第3条　乙は、甲の死後速やかに以下に記載する甲の親族に連絡する。

　⑴　弟　北山三郎

　⑵　妹　西湖花子

2　乙は、甲の親族に対し、甲が遺言書を遺した旨を説明し、公正証書遺言の執行について助言をする。

第4条　前条の他、乙は別表のリストの関係者に連絡をし、甲の通夜、告別式の案内をする。

第5条　乙は、甲の通夜、告別式を北丸子ホールにて仏式にて行い、丸子寺の僧侶に読経を依頼する。

第6条　前条の他、乙は、甲の通夜、告別式の一切の手配を行う。なお、弔辞は、学生時代からの親友である南島良一に依頼する。

第7条　乙は、甲の遺骨を丸子寺に納骨し、永代供養の手続きをする。

2　甲の戒名については、丸子寺の僧侶に、「技」の文字を入れて名づけるよう依頼する。

第8条　乙は、甲の住居にある家財道具・生活用品などを処分し、甲が賃借していた住居を貸主に明け渡し、賃貸借契約を終了させる。

第9条　乙は、甲の死後、甲の財産を調査し、甲に債務があるときは、すべての債務につき甲の財産よりその返済を行う。

第10条　乙は、甲の死亡届他、法律の定めるところにより、行政機関に対し必要な手続きを行う。

第11条　乙は、本契約に必要な費用を事前に見積もり、甲はその金額を乙に支払う。なお、その金額に不足があるときは、甲の相続人に対して請求し、残余があるときは、甲の相続人に対して返還する。

第12条　甲は、乙に本契約に基づく通夜、告別式の実施、ならびに諸手続きの手数料として、金500万円を支払う。

令和○年○月○日

　　　　　　　　　　　　甲　　　東京都大田区北丸子二丁目25番17号
　　　　　　　　　　　　　　　　　　北山　　太郎　㊞
　　　　　　　　　　　　乙　　　東京都世田谷区玉川台三丁目１番５号
　　　　　　　　　　　　　　　株式会社北丸子葬儀社
　　　　　　　　　　　　　　　　　代表取締役　東池　二郎　㊞

本旨外要件

住　所　　○○県○○市○○町○丁目○番○号

職　業　無職

委任者　○○○○　㊞

昭和○○年○月○日生

　上記の者は運転免許証を提出させてその人違いでないことを証明させた。

住　所　○○県○○市○町○丁目○番○号

職　業　会社員

受任者　○○○○　㊞

昭和○○年○月○日生

　上記の者は運転免許証を提出させてその人違いでないことを証明させた。

　上記列席者に閲覧させたところ、各自その内容の正確なことを承認し、次に署名・押印する。

○○○○　㊞

○○○○　㊞

　この証書は、令和○年○月○日、本公証役場において作成し、次に署名・押印する。

　○○県○○市○○町○丁目○番○号

○○法務局所属

公証人　○○○○　㊞

　この正本は、令和○年○月○日、委任者○○○○の請求により本職の役場において作成した。

○○法務局所属

公証人　○○○○　㊞

Ｐｏｉｎｔ

1　生前契約とは

　生前契約とは、本人が生前のうちに、葬儀の予算や内容、所持品の処分方法など死後の事務について、引き受けてもらえる専門の事業者と契約しておくことをいいます。この契約を締結しておくと、より確実に自分の遺志どおりの葬儀や死後事務を行ってもらうことができます。

　生前契約を締結する際には、まず自分が死んだ後に何をどのようにしてもらいたいかということをシミュレーションしてみることが必要です。その内容はどんなことでもかまいませんし、いくつ考えても自由です。例としては、次のようなことが挙げられます。

① だれにどういう形で自分の死を知らせるか

　死んだ直後に知らせるのか、葬儀が終わってから知らせるのか、電話か、手紙か、はがきか、電子メールかなど

② 葬儀の方法や規模はどうするか

　葬儀をする、しない、する場合は様式（仏式、神式、キリスト教式、無宗教など）、規模（密葬、家族葬、直葬など）など

③ 遺骨の取扱いはどのようにしたいか

　墓、寺などの納骨堂、散骨、仏壇などでの保管など

④ 所有物はどのような形で処分するか

　すべて廃棄するか、形見分けするか、売却するかなど

⑤ 財産はだれに相続してほしいか

　どの財産をだれに相続させるか、相続をさせたくない者はいるか、寄附をするかなど

⑥ 祭祀をだれにまかせるのか

　墓や仏壇をだれに祀ってもらうか、一周忌・三回忌などの法事はしてほしいかなどある程度イメージが固まったら、具体的な希望を検討し、必要に応じて葬祭業者や遺品整理業者、行政書士、弁護士、司法書士、NPO法人など生前契約を取り扱っている事業者に相談・契約します。

2　契約の履行・費用

　契約は、当事者間の合意によって成立し、合意した期日に履行されます。生前契約も同様に期日がやって来れば履行されるはずですが、生前契約の場合は、「依頼者が死亡したとき」という不確実な履行の時期になります。しかも依頼者には確実に契約が履行されたかどうかを確認できないという不安要素があります。このため、生前契約は公正証書によって締結するのが一般的です。

　まずは、契約内容の原案を作成し、公証役場で契約書を公正証書にしてもらいましょう。さらに、葬儀や財産管理に関する委任契約を公正証書として締結するとともに、公正証書遺言を作成しておくと、遺言執行者が葬儀事業者や財産管理事業者に契約を実行するよう指示をする形がとれるので、より確実に契約を履行してもらえるようになります。

負担付贈与契約公正証書

　本公証人は、当事者の嘱託により、その法律行為に関する陳述の趣旨を録取し、この証書を作成する。

第1条（贈与の目的）贈与者○○○○（以下「甲」という）は、その所有する下記の不動産（以下「本件不動産」という）を、受贈者○○○○（以下「乙」という）に贈与することを約し、乙はこれを承諾した。

記

　　土　　地
　　所　　在　　○○県○○市○○町○丁目
　　地　　番　　○番○
　　地　　目　　○○
　　地　　積　　○○．○○㎡

第2条（扶養義務）乙は、甲より本件不動産の贈与を受けた負担として、甲が死亡するまで、扶養しなければならない。

第3条（引渡し）甲は乙に対し、令和○年○月○日までに、本件不動産を引き渡し、所有権移転登記手続をする。

2　第1項の所有権移転登記手続に必要な費用は、乙の負担とする。

第4条（公租公課）本件不動産の公租公課については、前条の所有権移転登記手続が完了した日までの分を甲が負担し、その翌日以降の分を乙が負担する。

第5条（契約解除）第2条の扶養義務を、乙が怠った場合には、甲は本契約を解除することができる。

2　前項により本契約が解除されたときは、乙は直ちに本件不動産を甲に引き渡し、所有権移転登記手続をする。

第6条（管轄）本契約に関する当事者間の紛争については、○○地方裁

判所を第一審の専属的合意管轄裁判所とする。

以上

本旨外要件

住　所　〇〇県〇〇市〇〇町〇丁目〇番〇号

職　業　会社員

贈与者　〇〇〇〇　㊞

昭和〇〇年〇月〇日生

上記の者は運転免許証を提出させてその人違いでないことを証明させた。

住　所　〇〇県〇〇市〇町〇丁目〇番〇号

職　業　会社員

受贈者　〇〇〇〇　㊞

昭和〇〇年〇月〇日生

上記の者は運転免許証を提出させてその人違いでないことを証明させた。

上記列席者に閲覧させたところ、各自その内容の正確なことを承認し、次に署名・押印する。

〇〇〇〇　㊞

〇〇〇〇　㊞

この証書は、令和〇年〇月〇日、本公証役場において作成し、次に署名・押印する。

〇〇県〇〇市〇〇町〇丁目〇番〇号

〇〇法務局所属

公証人　〇〇〇〇　㊞

この正本は、令和〇年〇月〇日、贈与者〇〇〇〇の請求により本職の役場において作成した。

〇〇法務局所属

公証人　〇〇〇〇　㊞

Ｐｏｉｎｔ

1 贈与契約について

　贈与契約とは、いわゆるプレゼントのことです。財産の所有者などが無償で相手方にその財産を与えることについて、当事者双方が合意することで贈与契約が成立します。改正前民法は、贈与契約について「自己の財産」を無償で相手方に与える契約としていました。そのため、他人の財産を目的とする贈与（他人物贈与）が有効なのかが議論されていましたが、最高裁判例が「他人の財産権をもつて贈与の目的としたときは、贈与義務者は自らその財産権を取得して受贈者に移転する義務を負うもので、贈与契約として有効に成立する」と述べて、他人物贈与の有効性を認めていました。この最高裁判例の考え方を採用し、平成29年改正民法は「自己の財産」を「ある財産」に改めることで、他人物贈与の有効性を明確にしました。その他、改正民法は、書面によらない贈与（口頭などによる贈与）の撤回（書面によらない贈与は、その履行前であれば贈与者が撤回できる制度のこと）について、「撤回」の言葉を「解除」に改めましたが、解釈上の変更はありません。

2 負担付贈与契約

　無償で財産を贈与する代わりに、贈与者（財産を与える側）の出す条件を満たすことを受贈者（財産をもらう側）に求める契約を負担付贈与契約といいます。この場合、契約当初は条件を満たすよう努力をしていても、年月がたつにつれて、その条件を果たさなくなってしまう受贈者もいます。そこで、公正証書を作成して条件を明確にしておく他（第2条）、条件が果たされていないと贈与者が判断した場合には、契約を破棄して財産の返還を求める条項を盛り込んでおくのも一つの方法でしょう（第5条）。

3 贈与契約の注意点

　贈与契約のうち、契約したその場で履行する現実贈与については、大きなトラブルが起こる危険はそれほどありません。これに対し、契約時期と履行時期が異なっていたり、何らかの条件を満たしたときに履行する契約内容の場合は、とくに注意が必要です。不動産を贈与する場合には、所有権移転登記の時期なども条項に盛り込んでおきましょう（第3条）。

死因贈与契約公正証書

　本公証人は、当事者の嘱託により、その法律行為に関する陳述の趣旨を録取し、この証書を作成する。

第1条（贈与の目的）贈与者○○○○（以下「甲」という）は、その所有する下記の不動産（以下「本件不動産」という）を、受贈者○○○○（以下「乙」という）に贈与することを約し、乙はこれを承諾した。

記

　土　地
　所　在　　○○県○○市○○町○丁目
　地　番　　○番○
　地　目　　○○
　地　積　　○○．○○㎡

第2条（契約の発効）本契約は、甲の死亡によって効力を生じる。

２　本件不動産の所有権は、甲の死亡と同時に、乙に移転する。

３　甲は、乙のために始期付所有権移転仮登記をする。

第3条（乙の死亡）甲が死亡するより先に乙が死亡したときは、本契約は効力を失う。

第4条（契約の執行者）甲は、本契約の執行者として、下記の者を指定する。

　住　所　　○○県○○市○○町○丁目○番○号
　氏　名　　○○○○
　昭和○○年○月○日生

以上

本旨外要件

　住　所　　○○県○○市○○町○丁目○番○号
　職　業　　会社員
　贈与者　　○○○○　㊞

昭和○○年○月○日生

　上記の者は運転免許証を提出させてその人違いでないことを証明させた。

　住　　所　　○○県○○市○町○丁目○番○号

　職　　業　　会社員

　受贈者　　○○○○　　㊞

昭和○○年○月○日生

　上記の者は運転免許証を提出させてその人違いでないことを証明させた。

　上記列席者に閲覧させたところ、各自その内容の正確なことを承認し、次に署名・押印する。

○○○○　　㊞

○○○○　　㊞

　この証書は、令和○年○月○日、本公証役場において作成し、次に署名・押印する。

○○県○○市○○町○丁目○番○号

○○法務局所属

公証人　　○○○○　　㊞

　この正本は、令和○年○月○日、贈与者○○○○の請求により本職の役場において作成した。

○○法務局所属

公証人　　○○○○　　㊞

Ｐｏｉｎｔ

1　死因贈与と遺言の違い

　財産の所有者などが自分の死亡後にその財産を相手方にタダであげるという内容の契約を死因贈与契約といいます。死亡後に財産の所有権を移転する点では遺言と同じです。しかし、遺言が贈る側の意思のみで行われ、民法が規定する方式に従う必要があるのに対し、死因贈与契約は当事者の合意によって行われ、口頭だけでも成立します。また、遺贈と異なり、

書面での契約の場合、受贈者は、贈与を任意に放棄することはできません。

2　死因贈与契約の注意点

　死因贈与契約は、当事者間の合意があれば、口頭だけでも成立しますが、遺贈に類似するものであることを考えると、公正証書を作成しておくべきでしょう。

　契約締結時には贈与者も受贈者も健在ですが、贈与が履行される時には贈与者が死亡している、というのが死因贈与契約の特徴です。後のトラブルを防止するため、死因贈与契約書には、その執行者などを定める他、公正証書で作成しておくことが望ましいといえます。

①　贈与の対象物（第1条）

　贈与者（財産を与える側）が受贈者（財産をもらう側）に与える財産（不動産、動産、債権、有価証券など）を記載します。与える財産が不動産である場合は、登記事項証明書に記載された不動産に関する情報と同じ記載をすることが求められます。

②　契約の効力（第2条）

　贈与者の死亡によって効力が生じることに加えて、贈与者の死亡時に財産の所有権が受贈者に移転することを記載します。

　贈与の対象財産が不動産の場合は、あらかじめ不動産の始期付所有権移転仮登記（死因贈与の効力が生じるまで受贈者の権利を保全するための登記）をする旨を記載しておきます。仮登記をしておくと、贈与者が仮登記後に他人に贈与対象の不動産を売却して移転登記をしたとしても、贈与者の死亡後に本登記をすれば、受贈者が優先することになります。つまり、不動産の所有権を確保することができます。

③　受贈者が先に死亡した場合（第3条）

　民法の規定により、受贈者が贈与者よりも先に死亡した場合、受贈者の地位は相続されず、死因贈与契約の効力は失われます（民法554条、994条1項）。この点を死因贈与契約書にも明記しておくことで、トラブルを避けることができます。

離婚給付契約公正証書

離婚給付契約公正証書

　本公証人は、当事者の嘱託により、その法律行為に関する陳述の趣旨を録取し、この証書を作成する。

第1条（離婚の合意）　夫○○○○（以下「甲」という）と妻○○○○（以下「乙」という）は、合意の上協議離婚をする。

第2条（親権者）　甲乙間の子の長男○○○○（以下「丙」という）と長女○○○○（以下「丁」という）の親権者は乙とし、乙は丙と丁を成年に達するまで、監護、養育することとする。

第3条（養育費）　甲は乙に対して、丙と丁が各々成年に達する日の属する月まで、令和○年○月○日から、毎月月末までに、子一人あたり月々○○円を、乙指定の銀行口座に送金して支払うこととする。

2　前項の養育費は、丙と丁の進学等の特別な事情、経済事情の変動その他の事情が生じたときは、甲乙協議の上、増減できることとする。

第4条（面接交渉）　甲は、丙及び丁と面接交渉をすることができ、具体的な面接交渉の方法は、甲と乙が、丙及び丁の福祉に配慮しながら協議の上定めることとする。

第5条（財産分与及び慰謝料）　甲は乙に対し、財産分与及び慰謝料として、金○○○円を令和○年○月○日までに、乙指定の銀行口座に送金して支払うこととする。

第6条（住所変更等の通知義務）　甲及び乙は、住所、居所等連絡先が変更になった場合は、遅滞なく他方の当事者に通知しなければならない。

第7条（清算）　甲及び乙は、本契約に定める以外には、名目の如何を問わず、相互に金銭その他の請求をしないこととする。

第8条（強制執行認諾）　甲は、本契約による金銭債務の履行をしないときは、直ちに強制執行に服する旨を陳述した。

以上

本旨外要件

住　所　○○県○○市○○町○丁目○番○号

職　業　会社員

氏　名　○○○○　㊞

昭和○○年○月○日生

上記の者は印鑑証明書を提出させてその人違いでないことを証明させた。

住　所　○○県○○市○○町○丁目○番○号

職　業　会社員

氏　名　○○○○　㊞

昭和○○年○月○日生

上記の者は運転免許証を提出させてその人違いでないことを証明させた。

　上記列席者に閲覧させたところ、各自その内容の正確なことを承認し、次に署名・押印する。

○○○○　㊞
○○○○　㊞

　この証書は、令和○年○月○日、本公証役場において作成し、次に署名・押印する。

○○県○○市○○町○丁目○番○号
○○法務局所属
公証人　○○○○　㊞

　この正本は、令和○年○月○日、○○○○の請求により本職の役場において作成した。

○○法務局所属
公証人　○○○○　㊞

Ｐｏｉｎｔ

1　協議離婚が一般的

　離婚は夫婦間で話し合いをして合意に至れば、どのような理由によるとしても離婚することができます。このような離婚を協議離婚といいま

す。しかし、夫婦間で合意に至らない場合は、調停や訴訟といった裁判所の手続きによって離婚をする（調停離婚・裁判離婚）ことになります。

2 離婚条件を履行するための公正証書作成

　離婚する際には、あらかじめ離婚条件として合意した内容を必ず書面にしておきましょう。とくに子どもの養育・面接交渉といった点については、長期にわたることですし、子どもの成長の面でも重要になりますので、確実に履行されるように公正証書を作成します。夫婦間に未成年の子どもがいる場合は、離婚時に夫婦のどちらか一方を親権者として決めなければなりません。

　さらに、離婚原因を作った者（不倫やＤＶをした者など）については、その責任（損害賠償責任など）をどのように履行するかという事項も決めておきましょう。夫婦間で取り決めた後、その取り決めのとおりにならないというトラブルを未然に防ぐためにも、公正証書を作成しておくことが重要です。

　公正証書の作成依頼をする際には、通常の公正証書の作成依頼にあたって必要な書類の他、公正証書を作成したらすぐに離婚する場合には、作成後すぐに届出をすることができるように、離婚届を準備しておくようにします。そして、公正証書の作成依頼は、離婚協議の条件がまとまった段階で行います。

3 離婚給付契約の注意点

　離婚に際して大きな問題となるのが、婚姻期間中に形成された財産の問題、子どもの親権などの問題、離婚原因を作った者が果たす責任の問題です。これらに重点を置いて公正証書を作成することになります。

① 養育費（第3条）

　離婚において重大で難しいのが、子どもの養育に関する事項です。とくに未成年の子どもがいる場合は、離婚が子どもの人生に大きな影響を及ぼすことを十分に考えて条件を設定しなければなりません。

　子どもの生活にかかる費用（養育費）は、子どもが成人するまで（場合によっては大学卒業まで）必要になります。子どもの年齢が低ければ低いほど、長期にわたり多額の費用がかかりますから、支払う金額や支払方法について明確に記載しておきましょう。

また、子どもの進学、病気、事故など、一度に多額の金銭が必要になる場合もありますので、その場合にだれがどのような形で費用を負担するのか、といったことも決めておく必要があります。

② 財産分与（第5条）

夫婦は共同生活をする中で、マイホームや自動車などの財産を築きます。離婚の際には、これらの財産をどのように分配するかを決めなければなりません。公正証書作成時には、これらの財産を財産分与としてどのように分配するかを明記しておく必要があります。

なお、妻が専業主婦で、金銭という形では財産を形成していないとしても、夫が仕事をしやすい環境を作り、家事や子どもの養育を引き受けてきたときは、財産の形成に貢献したと認められ、財産分与を受けることができます。財産分与については、離婚原因を作った者の責任などは関係なく、財産形成の貢献度に従って公平に行われます。

③ 慰謝料（第5条）

離婚の原因はそれぞれの夫婦によってさまざまですが、中にはＤＶや不倫など、明らかに夫婦の一方が原因を作っている場合もあります。この場合は、離婚原因を作った側に対し、相手側が慰謝料（精神的損害に対する賠償金）を請求できます。慰謝料の支払いが生じる場合は、金額、支払期日、支払方法などを明確にしておきます。

④ 履行されない場合に備えて（第8条）

財産分与や慰謝料、養育費などは多額になることも多く、とくに養育費については、最初は滞りなく支払われていても、年月が経過するうちに支払う側が再婚するなどして状況が変わり、支払いが滞るといったことも往々にしてあります。このため、受け取る側としては、支払いが履行されない場合に備えて、連帯保証人を求める他、強制執行認諾約款をつけた公正証書を作成することで対応します。

扶養契約公正証書

扶養契約公正証書

　本公証人は、当事者の嘱託により、その法律行為に関する陳述の趣旨を録取し、この証書を作成する。

第1条（扶養契約） 長男○○○○（以下「乙」という）は、母○○○○（以下「甲という」）を引き取り、生きている限り扶養をする。

第2条（生活費の一部負担） 甲の生活費の一部として、長女○○○○（以下「丙」という）は毎月金○○円、二男○○○○（以下「丁」という）は毎月金○○円を、それぞれ負担することとする。

2　丙及び丁は、前項の負担金額を令和○年○月から甲の死亡まで毎月○日までに乙の指定する銀行口座に送金又は持参して支払うこととする。

3　第1項の負担金額は、甲の健康状態の変化、物価の変動その他の事情の変更が生じたときには、乙丙丁協議の上、増減できることとする。

第3条（臨時の支出の負担） 甲の病気などにより臨時の多額の支出があるときは、乙丙丁協議の上、それぞれの負担額を定めることとする。

第4条（強制執行認諾） 丙及び丁は、本契約による金銭債務の履行をしないときは、直ちに強制執行に服する旨を陳述した。

以上

＜以下、本旨外要件省略＞

　扶養とは、年齢や障害などの事情で、独立して生計を営めないほどに生活が困窮している人を養うことです。世間一般には、親が子を、子が親を扶養するのは当然との認識があり、扶養についてわざわざ「契約」を結ぶのは大げさな気もします。ただ、親子や兄弟姉妹などの親族関係は、経済状況を含めて単純なものではありません。だからといって、自力で生活できない親族を放置するわけにもいきません。

　もっとも、扶養義務は民法に規定されている法的義務で、大きく２つに分類されることを認識しておく必要があります。１つは生活保持義務と呼ばれるもので、夫婦間でお互いに負担する扶養義務や、未成年者の子どもに対して親が負担する扶養義務のことを指すと考えられています。

　生活保持義務は、扶養義務を負う側の者（扶養義務者）と扶養を受ける者とが、同一の生活レベルを維持することができる程度まで扶養しなければならない義務です。これは、扶養を受ける者が権利者として、扶養義務者に対し、扶養を行うよう請求する請求権が保障されていることを意味します。生活保持義務に関しては、夫婦間の同居・協力・扶助義務（民法752条）、婚姻費用負担義務（民法760条）、子どもの監護義務（民法820条）など、民法の規定として具体化されています。

　これに対し、もう１つの扶養義務の分類が生活扶助義務です。生活扶助義務は、兄弟姉妹間など３親等内の親族間で負担すべき扶養義務で、自分の生活レベルを維持していくのに支障がない範囲で扶養を果たせばよいものです。この場合は、扶養義務者が多人数になることもあるため、扶養義務者同士が、公証人という第三者にも相談し、扶養に関する契約についての公正証書を作成することで、トラブル防止につながることもあるわけです。扶養に関する契約について公正証書の作成依頼をする際には、次のような点を明確にしておくことが求められます。

① 　だれがだれを扶養するのか（第１条）

② 　いつからいつまで扶養するのか（第１条）

③ 　扶養しない親族などがいる場合、金銭的にいくら負担するのか（第２条）

不動産等信託契約公正証書

不動産等信託契約公正証書

　本公証人は、当事者の嘱託により、その法律行為に関する陳述の趣旨を録取し、この証書を作成する。

第1条（信託契約の締結）　委託者○○○○（以下「甲」という場合がある）は、受託者△△△△（以下「乙」という場合がある）に対し、次条記載の信託の目的を達成するため、第3条記載の財産を信託財産として管理処分することを信託し、受託者はこれを引き受けた（以下「本契約」といい、本契約に基づく信託を「本信託」という）。

第2条（信託の目的）　本信託の目的は、第3条記載の財産を受益者のために管理・運用・処分等その資産の適正な管理運用を通じて、財産管理の負担を低減し、受益者が安全かつ安心な生活を送ることができるようにすることを目的とする。

第3条（信託財産）　委託者は、以下の各号の財産を受託者に信託する。

① 　金銭　　○○○○万円
② 　土地（所在　東京都○○区○○町○○○　　地番○○○　　地目○○　地積○○㎡）
③ 　建物（所在　東京都○○区○○町○○○　　家屋番号○○○　　種類　○○　構造○○　床面積○○㎡）

第4条（信託財産の移転）　委託者と受託者は、信託財産となる不動産について本信託契約締結後速やかに、受託者名義に信託を原因とする所有権移転及び信託の登記手続を行う。

2　登記手続に要する費用は委託者の負担とする。

第5条（信託財産の追加）　委託者は、受託者と協議の上、不動産、金銭及び有価証券等の金融資産を本信託の信託財産に追加することができる。

第6条（受益者）　本信託の当初受益者は、以下の者（甲）とする。

　　　　　　　住所　　○○県○○市○○町○丁目○番○号

　　　　　　　氏名　　○○○○

2　前項記載の者は、受託者の事前の承諾を得た場合を除き、自己が有する本信託における受益権を、譲渡又は担保に供することはできない。

第7条（受託者） 本信託の当初受託者は、以下の者（乙）とする。

　　　　　　　　住所　　○○県○○市○○町○丁目○番○号

　　　　　　　　氏名　　△△△△

2　受託者が、信託法に定める終了事由により受託者の任務が終了した場合には、次の者を後継受託者として指定する。

　　　　　　　　住所　　○○県○○市○○町○丁目○番○号

　　　　　　　　氏名　　△△△△

第8条（信託監督人） 本信託の信託監督人として以下の者を指定する。

　　　　　　　　住所　　○○県○○市○○町○丁目○番○号

　　　　　　　　氏名　　□□□□

2　信託監督人は、受益者及び受託者の同意を得て辞任することができる。

3　信託監督人の報酬は、月額○○万円とする。

第9条（分別管理） 受託者は、本契約締結後第5条により不動産を信託財産に追加したときは、速やかに受託者名義に信託を原因とする所有権移転及び信託の登記手続を行う。

2　受託者は、信託専用口座を設け、信託財産となる金銭を同口座へ入金し、この信託専用口座において適切な管理を行う。

3　受託者は、信託財産を受託者の他の固有財産と分別して管理し、同財産を混同してはならない。

第10条（善管注意義務） 受託者は、善良なる管理者の注意をもって信託財産の維持、管理及び処分を行うものとする。

第11条（信託の内容） 受託者は、本信託の信託財産の管理及び運用を行い、信託財産をもって、公租公課、保険料、管理費及び敷金・保証金等の預り金の返還金、登記費用、不動産売却・購入等に要する費用、その他本信託に関して生ずる一切の必要経費を支払う。

2　受託者は、受益者の意見を聞き、受託者が相当と認める受益者の生活及び療養、納税等に必要な費用を随時又は定期的に給付し、受益者の医療費、施設利用料等を直接又は銀行振込等の方法で支払う。

3　受託者は、信託財産のうち受益者の居住用以外の不動産については、

受託者の裁量で第三者に賃貸することができる。

4　受託者は、信託の目的に照らして相当と認めるときは、受益者の事前の承諾を得て、信託財産の売却等の換価処分を行い、信託財産である金銭等をもって新たな不動産の購入等を行い、信託費用及び信託債務等を支弁するために金融機関から借入を行い、または借入等のために信託財産につき担保を設定することができる。

5　受託者は、本信託の事務（以下「信託事務」という）の一部を受益者の指図に基づき、または受託者の責任において選任する第三者に委託することができる。

6　受託者は、信託事務に必要な諸費用を立替払いしたときは、これを信託財産から支出して償還を受けることができる。

第12条（信託の計算）本信託にかかる計算期間は、毎年1月1日から同年12月31日までとし、計算期間の末日を計算期日とする。ただし、最初の計算期間は、本信託の効力発生日からその年の12月31日までとし、最終の計算期間は、1月1日からその年の本信託終了日までとする。

2　受託者は、本信託開始後、速やかに、信託財産目録・信託財産に関する帳簿等を作成し、本契約期間中、受益者及び信託監督人の請求に応じて閲覧に供することができるように保管するものとする。

3　受託者は、受益者に対し、1年ごとに、前項の帳簿等その他信託事務に関する事項について書面等をもって報告するとともに、受益者の請求があるときは、速やかにその求められた事項につき報告をするものとする。

第13条（信託報酬）受託者の信託報酬は無報酬とする。

第14条（受託者の解任）受益者と信託監督人は、以下の事由が生じた場合は、受託者を解任することができる。

①　受託者が本契約に定める義務に違反し、相当の理由なく是正されない場合。

②　受託者について破産手続又は民事再生手続が開始した場合。

③　その他受託者としての任務を遂行し難い重大な事由が受託者に生じた場合。

第15条（信託の変更）本信託は、信託の目的に反しない限り、受益者

と受託者との合意により本信託の内容を変更することができる。

2　本契約に定めのない事項は、信託法その他の法令に従う。

第16条（信託の終了）本信託は、次の各号の事由のいずれかが生じたときに終了する。

　①　受益者が死亡したとき。

　②　受益者と受託者が合意したとき。

　③　その他信託法所定の終了事由に該当したとき。

第17条（信託財産の帰属）本信託終了時の残余の信託財産については、前条第(1)号により本信託が終了した場合は、受益者の相続人である△△△△（乙）に帰属させる。

2　前号の場合において、前記△△△△（乙）が死亡している場合は、委託者の甥○○○○に帰属させるものとする。

3　前条第(2)号又は第(3)号により本信託が終了した場合には、残余の信託財産は、信託終了時の受益者に帰属させる。

第18条（清算事務）清算受託者として、本信託終了時の受託者を指定する。

2　清算受託者は、信託清算事務を行うに当たっては、本契約条項及び信託法令に従って事務手続きを行うものとする。

第19条（協議事項）本契約に定めのない事項又は本契約の解釈について疑義が生じた事項については、受益者と受託者が協議の上で決定する。

以上

＜以下、本旨外要件省略＞

Ｐｏｉｎｔ

1　信託契約について

　本書式は、高齢の委託者が、自らの認知能力が低下した場合に備えて、自らの生活を守るために締結する信託契約を想定した書式です。したがって、本書式では「当初受益者＝委託者」と定めています（第6条第

1項）。信託契約を締結することで、財産の管理・運用や処分の権限を信頼できる家族に与え、委託者本人が将来認知症などになっても引き続き家族が財産の管理・運用や処分を行い、生活費や療養費などを給付してもらえます。また、信託が終了した場合の財産の帰属先を決めておくことも可能です。

　信託契約の当事者は、①財産の所有者であって、財産を託す人である「委託者」、②財産を託され、財産の管理・運用などを行う人である「受託者」、③管理・運用などがされた財産から生活費や療養費などの給付を受ける人である「受益者」です。また、状況に応じて、受託者を監督する「信託監督人」、受益者の代理人である「受益者代理人」などを選定することもできます。

2　信託することができる財産

　信託契約では、金銭や不動産、賃借権、有価証券、金銭債権、著作権などの知的財産権、動産（ペットも可能）など、財産的価値があるものであれば信託財産とすることが可能です。しかし、名誉や債務、年金受給権などの一身専属権は、信託財産とすることはできません。

3　信託契約の注意点

　信託契約をするニーズのひとつは、将来の認知症などによる判断能力の低下への対策だと考えられますが、信託契約は委託者と受託者との契約であり、委託者の判断能力があるうちに締結しておく必要があります。また、信託財産から収益を受け取る受益者が実質的な所有者であることから、原則として課税は受益者に行われることになりますので（受益者課税の原則）、委託者＝受益者の場合はとくに問題となりませんが、適正な対価を負担せずに委託者ではない別の人が受益者となる場合は、贈与税などがかかることになりますので、税務にも注意が必要です。

　さらに、信託契約は、設定から終了まで長期間にわたることが想定されるため、受託者が先に亡くなることへ備えるなど、柔軟なスキーム（案）を考えておく必要があります。信託終了時の財産の帰属について後に紛争を起こさないようにするため、遺留分への配慮も必要です。

遺言書の有無の確認も忘れずに

　相続では、遺言が優先されますので、遺言書の有無の確認も忘れずに行わなければなりません。公正証書で作成された遺言であれば、「遺言検索システム」を利用して遺言書の有無を調べることができます。平成元年以降に公正証書遺言が作成された場合、公証人は遺言者の氏名、生年月日、遺言書作成日等を日本公証人連合会に報告し、連合会ではこれらの情報をデーター化して一元的に管理しています。全国どの公証役場でも必要書類を提出すれば遺言書の検索・照会を行ってもらうことができます。費用は無料ですが、遺言書の謄本を複写するには1ページにつき250円の費用がかかります。

　一方、自筆証書遺言については、令和2年7月より法務局での保管制度がスタートしましたが、それ以前に作成された自筆証書遺言については、被相続人の自宅や貸金庫などを調査するしか方法がありません。

■ **遺言検索システム** ……………………………………………………

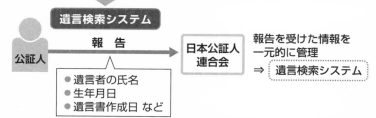

相続の開始 相続人や相続財産の調査の他に、『遺言書の有無の確認』が必要

平成元年以降の公正証書遺言の有無の確認のために…

遺言検索システム

公証人 　　報　告　　→ **日本公証人 連合会** 　報告を受けた情報を 一元的に管理

● 遺言者の氏名
● 生年月日
● 遺言書作成日 など

⇒ 遺言検索システム

★ 全国どの公証役場でも必要書類を提出すれば遺言書の検索・照会を 行ってもらうことが可能
　⇒ 利用にあたり費用は無料。
　　遺言書の謄本を複写するには1ページにつき250円の費用がかかる

第6章

知っておきたい
その他の公正証書

委任契約公正証書

委任契約公正証書

　本公証人は、当事者の嘱託により、その法律行為に関する陳述の趣旨を録取し、この証書を作成する。

第1条（本契約の目的） 委任者○○株式会社（以下「甲」という）は、下記の業務（以下「本件業務」という）を、受任者○○○○（以下「乙」という）に委任し、乙はこれを承諾した。

記

① 　甲の経営に関する助言及び指導業務

② 　前号に付帯又は関連する一切の業務

第2条（報酬及び実費） 甲は乙に対し、本件業務の報酬として、1か月につき金○○○円（消費税込み）を毎月当月○日までに乙の指定する銀行口座に送金して支払うこととする。月の途中で本契約が終了したときは、当該月の報酬は、1か月を30日とする日割計算によるものとする。

2 　乙が本業務を遂行するために支出した交通費等の実費は、甲が乙の請求により、前条の報酬と合わせて支払うこととする。

第3条（受任者の義務及び違約金） 乙が本件業務を遂行する上で知りえた甲の業務その他の甲の業務に関する一切の情報は、本契約終了後もこれを第三者に漏洩してはならない。

2 　乙は、本件業務の遂行状況を、甲の請求があったときは、いつでも報告しなければならない。

3 　乙は、本件業務の遂行上受領した本件業務に関する金品、書類その他の物品を、甲の請求があったときはいつでも引き渡さなければならない。

4 　乙は、前3項の規定その他の甲の利益に反する行為を行ってはならない。

5 　乙が前4項の規定に違反した場合、乙は、それによって甲が被った

損害の賠償をしなければならない。

第4条（契約期間）本契約の契約期間は、令和〇年〇月〇日から〇年間とする。

2 甲又は乙が他方の当事者に別段の意思表示をしないときは、同一の条件で同期間契約が更新されることとし、以後も同様とする。

第5条（契約の解除）甲及び乙は、いつでも本契約を解除することができる。

2 前項の解除権を相手方の不利な時期に行使し、それによって相手方に損害が生じた場合は、その損害の賠償をしなければならない。

第6条（強制執行認諾）甲は、第2条の金銭債務の履行をしないときは、直ちに強制執行に服する旨を陳述した。

第7条（裁判管轄）本契約に関する紛争については、〇〇裁判所を第一審の管轄裁判所とすることに合意した。

以上

本旨外要件

住　　所　〇〇県〇〇市〇〇町〇丁目〇番〇号

委任者　〇〇株式会社

住　　所　〇〇県〇〇市〇〇町〇丁目〇番〇号

上代表取締役　〇〇〇〇　㊞

昭和〇〇年〇月〇日生

上記の者は印鑑証明書を提出させてその人違いでないことを証明させた。

住　　所　〇〇県〇〇市〇〇町〇丁目〇番〇号

職　　業　税理士

受任者　〇〇〇〇　㊞

昭和〇〇年〇月〇日生

上記の者は運転免許証を提出させてその人違いでないことを証明させた。

上記列席者に閲覧させたところ、各自その内容の正確なことを承認し、下記に署名・押印する。

〇〇〇〇　㊞

〇〇〇〇　㊞

この証書は、令和〇年〇月〇日、本公証役場において作成し、下記に

署名・押印する。

○○県○○市○○町○丁目○番○号

○○法務局所属

公証人　○○○○　㊞

　この正本は、令和○年○月○日、委任者○○○○の請求により下記本職の役場において作成した。

○○法務局所属

公証人　○○○○　㊞

Ｐｏｉｎｔ

1　委任契約について

　委任とは、他人に法律行為や事務処理を委託する契約です（事務処理の場合は準委任といいます）。委任契約は、委任者（依頼人）と受任者（依頼される者）との間で締結されます。委任の典型例としてよく知られているのは、弁護士や司法書士など専門家への依頼です。

2　委任契約の注意点

　委任契約は、民法の規定上は無報酬が原則です。しかし、実際には特約によって報酬を発生させるのが通常です。委任契約を結ぶ際には、報酬規定も明記しておくことが必要です。本書式でも報酬規定を設けています（第2条）。

　委任契約は、特約で解除権を放棄する場合を除き、当事者の双方から自由に解除することができます。民法では、やむを得ない事由がない限り、相手方に不利な時期に解除した場合について、相手方に損害が生じたときは、損害賠償責任を負うものと定めています。本書式でも同様の規定を設けています（第5条）。

　なお、平成29年改正民法により、受任者の利益にもなる委任契約を委任者が解除したときは、やむを得ない事由がない限り、相手方の損害を賠償しなければならないとする条文が新設されましたが、報酬規定があるだけでは「受任者の利益にもなる委任契約」に該当しないことに注意を要します。

住宅工事請負契約公正証書

　本公証人は、当事者の嘱託により、下記の法律行為に関する陳述の趣旨を録取し、この証書を作成する。

第1条（本契約の目的、工事の内容） 注文者○○○○（以下「甲」という）は、請負人○○○○（以下「乙」という）に対し、下記内容にて住宅用建物（以下「本件建物」という）の建築工事を注文し、乙はこれを請け負った。

① 　工事名　　○○○邸建築工事

② 　工事内容　添付の設計書、仕様書のとおり

③ 　工事場所　○○県○○市○○町○○番○

第2条（請負代金） 請負代金は金○○○円（消費税込み）とし、その支払方法は下記のとおりとする。

① 　着工時　　金○○○円

② 　上棟時　　金○○○円

③ 　竣工時　　金○○○円

第3条（工事の時期） 建築着手日は令和○年○月○日、上棟期限は令和○年○月○日、竣工期限は令和○年○月○日とする。ただし、天災その他乙の責めに帰すことのできない事由により工期の変更をしなければならない場合、乙は、遅滞なく甲にその旨を申し入れ、工期の変更を求めることができることとする。

第4条（資材の提供） 本件建物の建築は、前もって提示してある設計書、仕様書に基づくこととし、その資材一切は乙が調達することとする。

第5条（建築資材の価格変動） 工事中に建築資材の価格が変動したときは乙の負担とする。

第6条（第三者の損害） 工事のために第三者に損害を与えたときは、乙が賠償責任を負う。ただし、甲の責めに帰すべき事由によるときは、甲が賠償責任を負う。

第7条（監理）甲は、○○○○（以下「監理者」という）との間で別途監理契約を締結し、監理者に次の業務を行わせることとし、乙はこれを承諾する。

① 設計意図を正確に伝えるため、乙との打ち合わせを行い、工程に応じて詳細図等を交付すること

② 施工に立ち会い、設計図書に定めるところにより乙の施工について指示すること

③ 工事内容が設計図書に合致していることを確認し、合致していないときは乙に是正を求め、甲に報告すること

④ 工事の完成を確認し、建物に引渡しに立ち会い、監理終了時に甲に文書で報告すること

第8条（甲の権利）甲は、工事期間中いつでも建築現場に臨み、乙の工事の進捗状況及び資材の管理状況を視察することができる。

第9条（建物の引渡し）工事が完成したときは、乙は直ちに甲にその旨を通知し、甲はその通知を受けたときは、遅滞なく検査を行い、本件建物の引渡しを受け、請負代金の支払いを完了することとする。

第10条（危険負担）本件建物を甲に引き渡すまでに生ずる可能性のある一切の危険は乙が負担することとする。ただし、甲の責めに帰すべき事由に基づくものについてはこの限りでない。

第11条（瑕疵担保責任）乙は、本件建物につき、その引渡しの日から、構造耐力上主要な部分及び雨水の侵入を防止する部分については10年間、その他の部分については２年間の瑕疵担保責任（種類又は品質に関して契約の内容に適合しない場合における担保責任）を負う。

第12条（遅延損害金、違約金）甲が代金の支払いを怠ったときは、年利○○％の損害金を、乙がその責めに帰すべき事由により工期内に工事を完成できないときは、遅延日数１日につき請負代金総額の○○分の１の違約金を、それぞれ支払わなければならない。

第13条（契約解除）甲乙いずれか一方の契約違反又はその責めに帰すべき事由により契約の履行又は目的達成が不可能に陥ったときは、相手方は契約を解除し損害賠償を請求することができる。

第14条（強制執行認諾）甲及び乙は、本契約による金銭債務の履行を

しないときは、直ちに強制執行に服する旨を陳述した。

第15条（公証人費用）　本契約締結にあたり、公証人に支払う所要の費用については、甲乙は折半によりこれを負担する。

第16条（裁判管轄）　本契約に関する紛争については、○○裁判所を第一審の管轄裁判所とすることに合意した。

第17条（誠実協議）　本契約に定めのない事項又は基本契約の条項に解釈上の疑義が生じた場合には、民法その他法令の定めに準拠し、甲乙誠意をもって協議の上、解決するものとする。

以上

＜以下、本旨外要件省略＞

Point

1　請負契約は仕事の完成が目的

　請負契約とは、請負人が仕事の完成を約束し、注文者が完成した仕事に対して報酬を支払うのを約束することで成立する契約です。

　請負契約は仕事の完成が目的ですから、請負人が仕事を途中でやめた場合、報酬を支払う必要はありません。報酬は後払いが原則です。

　もっとも、請負契約が仕事の完成前に解除によって終了した場合の取扱いについて、平成29年改正民法は、請負人による仕事の結果のうち、可分な部分を注文者に給付することで、注文者が利益を受けるときは、当該部分を仕事の完成とみなすことにしました。その上で、完成したとみなされた部分に関して、請負人は、注文者が受ける利益の割合に応じた報酬を請求できるとする規定を新設しました。

2　請負契約の注意点

　請負契約は、口頭の約束だけでも成立しますが、長期間を要する仕事の場合や、報酬が高額な仕事の場合は、契約書を作成します。報酬の支払いなどを確約しておきたい場合は、公正証書を利用するとよいでしょう。公正証書作成の際の注意点は、以下のとおりです。

①　契約内容や報酬（請負代金）の明記（第1条、第2条）

　請負契約では、当事者と仕事の内容を明確にして、報酬（請負代金）

の額、報酬の支払方法を定めます。新築住宅の建設など、材料を仕入れ
ないと仕事ができない場合は、報酬の一部を前金として支払うこともあ
るので、その場合は支払時期を明示します。なお、建設業法19条では、
建設工事の請負契約に関する契約条件は書面による交付が義務づけられ
ています。

② 監理についての定め（第7条）

　監理者とは、建築工事が設計図書の内容のとおりに行われているかど
うかを確認する責任を負う者のことをいいます。建築基準法5条の6第
4項により、ほとんどの建築請負工事において監理者の選任は注文者の
義務となっています。監理者は建築士であることが必要ですが、請負人
の会社の従業員であってもかまいません。そこで、監理者による監理だ
けでなく、請負人（建設業者など）による手抜き工事が行われないよう、
注文者による視察を可能とする条項を入れておくとよいでしょう。

③ 契約不適合責任（瑕疵担保責任）などの定め（第6条、第11条、
　第13条）

　工事によって第三者に与えた損害の賠償、契約期間内に工事が完成し
なかった場合の違約金、完成物件に欠陥が見つかった場合の契約不適合
責任（瑕疵担保責任）といった事項も明記しておきます。なお、住宅瑕
疵担保履行法などにおいて、瑕疵とは「種類又は品質に関して契約の内
容に適合しない状態」と定義されています。

　平成29年改正民法では、請負人の担保責任に関する規定は削除され、
基本的には売買契約の売主が負担する契約不適合責任に関する規定を準
用することになりました（559条）。もっとも、本書式のような新築住
宅の工事の場合は、住宅瑕疵担保履行法により、建設業者が負担すべき
基本構造部分の瑕疵担保責任の期間が、引渡し時から10年と規定され
ていることに注意を要します。

事業譲渡契約公正証書

　本公証人は、当事者の嘱託により、その法律行為に関する陳述の趣旨を録取し、この証書を作成する。

第1条（本契約目的） 譲渡会社○○○○（以下「甲」という）は、譲受会社○○○○（以下「乙」という）に対し、令和○年○月○日、甲の事業の全部を金○○○万円（消費税込み）で譲渡し、乙はこれを譲り受けることとした。

第2条（譲渡範囲） 前条により、甲が乙に譲渡する事業の範囲は、別紙のとおりとする。

第3条（譲渡の義務履行） 甲は、第1条の事業譲渡日に、乙に対して、前条の別紙記載の譲渡財産等及び関係書類を引き渡すこととする。

2　乙は、譲渡財産等の譲渡にあたり、移転、登記、登録、通知、承諾、名義変更等の手続を要するものについては、遅滞なく行わなければならない。この場合に甲の協力を要するときは、甲は協力義務を負うものとする。

3　甲は、譲渡財産について事業譲渡日までに生じた紛争があれば、これを事業譲渡日までに解決しなければならない。

4　甲は、事業譲渡日まで、譲渡財産を善良な管理者の注意をもって、これを管理しなければならない。

第4条（譲渡代金の支払時期） 乙は甲に対し、甲が前条第2項の手続を終え、事業の譲渡が完了したと同時に譲渡代金を支払うこととする。

第5条（競業避止義務） 甲は、事業譲渡日の翌日から○年間は、○○市及びその隣接市町村で、譲渡した事業と同じ事業を行ってはならないものとする。

第6条（事業譲渡の解除） 乙は、甲が、本契約に定める事項に違反をしたとき、事業譲渡日までに事業財産等を引き渡せないとき、又は事業譲渡日までに下記の各号のいずれかに該当した場合には、本契約を解

除することができる。解除により乙が損害を被った場合には、甲は損害を賠償する義務を負う。

① 譲渡財産につき、仮差押、仮処分又は強制執行を受けたとき

② 営業停止、許認可取消その他行政処分を受けたとき

③ 破産、民事再生、会社更生、特別清算の手続開始申立てがあったとき

第7条（秘密保持） 甲及び乙は、本契約を締結するにあたり知りえた相手方の事業に関する秘密情報を、第三者に漏洩してはならない。

第8条（強制執行認諾） 乙は、本契約による金銭債務を履行しないときは、直ちに強制執行に服する旨を陳述した。

第9条（公証人費用） 本契約締結にあたり、公証人に支払う所要の費用については、甲乙は折半によりこれを負担する。

第10条（裁判管轄） 本契約に関する紛争については、○○裁判所を第一審の管轄裁判所とすることに合意した。

第11条（誠実協議） 本契約に定めのない事項については、甲乙は、誠意をもって協議し、解決することとする。

以上

本旨外要件

住　所　○○県○○市○○町○丁目○番○号

譲渡人　○○株式会社

住　所　○○県○○市○○町○丁目○番○号

上代表取締役　○○○○　㊞

昭和○○年○月○日生

上記の者は印鑑証明書を提出させてその人違いでないことを証明させた。

住　所　○○県○○市○○町○丁目○番○号

譲受人　○○株式会社

住　所　○○県○○市○○町○丁目○番○号

上代表取締役　○○○○　㊞

昭和○○年○月○日生

上記の者は印鑑証明書を提出させてその人違いでないことを証明させた。

上記列席者に閲覧させたところ、各自その内容の正確なことを承認し、

次に署名・押印する。

〇〇〇〇　㊞

〇〇〇〇　㊞

　この証書は、令和〇年〇月〇日、本公証役場において作成し、次に署名・押印する。

〇〇県〇〇市〇〇町〇丁目〇番〇号

〇〇法務局所属

公証人　〇〇〇〇　㊞

　この正本は、令和〇年〇月〇日、譲渡人〇〇株式会社の請求により本職の役場において作成した。

〇〇法務局所属

公証人　〇〇〇〇　㊞

（別紙の事業の範囲は省略）

Point

1　事業譲渡について

　事業譲渡とは、一定の事業目的のために組織化され、一体として機能する財産（得意先関係などを含む）の全部または重要な一部を譲渡することです。事業には、物品や不動産など目に見えるものだけでなく、ノウハウや得意先など無形のものも含まれます。

　事業譲渡がなされると、譲渡会社は譲渡した事業について、法律上当然に競業避止義務を負います。たとえば、Ａ社が自ら営む健康食品販売業を譲渡すると、Ａ社は、当事者間の特約がない限り、譲渡日から20年間、同一市町村内および隣接市町村内において、健康食品販売業を営むことができなくなるのが競業避止義務です。

2　事業譲渡契約の注意点

　事業譲渡契約は、会社の基礎に重大な影響をもつ行為で、慎重になされる必要があります。そこで、事業譲渡契約書の作成前に、譲渡目的物の特定・対価・譲渡時期・従業員の処遇などの基本部分の合意が形成された段階で、合意内容を確認する覚書を交わすことがあります。

事業譲渡は基本的には売買と同じですが、ハード面だけでなくノウハウの譲渡なども含むので、通常の売買よりも複雑になります。後々のトラブルを予防するため、公正証書を利用するのがよいでしょう。

　事業譲渡で公正証書を作成する際には、以下のような注意点があります。事業譲渡契約では、契約締結後に、事前の想定を超える事態が起こることも少なくありません。しかし、あらゆる事態を想定して契約条項を完備することは不可能といえます。そこで、事業譲渡契約書の中に「契約書で定めていないことで問題が生じた場合には後日協議して判断する」という内容の協議条項を置くとよいでしょう。本書式でも第11条において誠実協議に関する条項を設けています。

① 譲渡内容の明確化（第1条）

　事業譲渡は事業の全部を譲渡する場合もあれば、一部を譲渡する場合もあります。譲渡会社のどの事業を譲渡するのかを明記しておきます。譲渡の対象になる財産があいまいだと、何が譲渡の対象になる財産であるかについて、後々にトラブルが起こるおそれがあります。事業譲渡契約を締結する際には、譲渡の対象となる個々の財産を明示するのが通常の取扱いです。ただし、譲渡財産をどこまで詳細に記載するかはケース・バイ・ケースであるため、締結する事業譲渡契約の内容に応じて適切な記載を心がけましょう。

② 譲渡範囲（第2条）

　譲渡する事業（財産）を明らかにするため、譲渡の対象になる事業の範囲を記載します。譲渡する財産があまりに多い場合は、別紙として別の書面に譲渡する財産を記載しておくとよいでしょう。

③ 譲渡の義務履行（第3条）

　譲渡財産を譲渡する日を記載します。不動産の譲渡であれば、登記が必要になります。そのため、事業譲渡に際して必要な手続きを行うことと相手側の協力義務を記載します。なお、事業譲渡にあたっては、譲渡会社と譲受会社の合意だけでは効力が生じないものがあります。たとえば、譲渡会社の従業員との雇用契約については、従業員の同意が必要になります。

④ 譲渡代金の支払時期（第4条）

　事業譲渡の対価となる代金の支払時期を明記します。「事業の譲渡が

完了したと同時に支払う」などと記載するのが一般的です。

⑤　事業譲渡の解除（第6条）

　事業譲渡日までに譲渡会社が事業財産を譲渡できない場合に、契約を解除できることを記載します。解除事項には、譲渡会社に対する仮処分（財産を保全する手続き）、強制執行（財産を強制的に売却する手続き）や、譲渡会社について破産、民事再生、会社更生、特別清算の手続開始申立てがあった場合などがあります。

⑥　秘密保持条項（第7条）

　事業譲渡に限らず、提携契約の交渉の過程では、多かれ少なかれお互いに相手方の営業上の秘密情報を知ることになります。そこで、これらの契約を締結する際には、事業譲渡計画が挫折した場合などを考えて、秘密保持条項を規定しておくようにします。

　営業秘密の保護については、不正競争防止法が規定を置いていますが、不正競争防止法が保護するのは、一定の要件を満たした「営業秘密」だけです。要件を満たすための条件は厳しく、保護が及ばない可能性もありますので、秘密を保護する手段として秘密保持条項を設けます。秘密保持条項は、不正競争防止法の保護を補完する役割を果たすことに加え、不正競争防止法上の「営業秘密」の要件のひとつである秘密管理性を高める面でも有効であるとされています。

　秘密保持条項は、企業が秘密情報を開示した場合などに、その情報を外部に漏らさないことを約束させる条項です。企業の秘密保持は、勤務する従業員との内部的な関係と、業務委託や事業譲渡などで他社に自社の業務を委託する関係において問題となります。秘密保持条項に違反した者は、損害賠償などの責任を負うことになります。

和解契約公正証書

　本公証人は、当事者の嘱託により、下記の法律行為に関する陳述の趣旨を録取し、この証書を作成する。

第１条（契約締結） ○○○○（以下「甲」という）と○○○○（以下「乙」という）とは、下記交通事故（以下「本件事故」という）において、乙が運転する車両により、自転車で走行中の甲に接触の上転倒させた件につき、次条以下のとおり和解が成立し、ここに契約（以下「本契約」という）を締結する。

① 事故の日時：令和○年○月○日午後11時30分頃
② 事故の場所：東京都港区六本木○丁目○番○号先路上
③ 加害車両　：車種○○○○
　　　　　　　　登録番号　品川○○○-あ-○○○○
④ 事故の概要：別添交通事故証明書写しのとおり
⑤ 被害の概要：別添診断書写しのとおり

第２条（債務の確認） 乙は甲に対し、本件事故の損害賠償として、下記の賠償金の支払債務があり、当該賠償金の総額が金○○円であることを確認する。

① 治療費　　　　　：金○○円
② 治療関係諸費用　：金○○円
③ 休業補償　　　　：金○○円
④ 慰謝料　　　　　：金○○円
⑤ 自転車修理費用　：金○○円

第３条（保険金による充当） 甲及び乙は、前条に定める本件事故による賠償金総額金○○円のうち金○○円は、自動車損害賠償保障法に基づき乙が受領した保険金をもってこれに充当することに合意する。

第４条（支払い） 乙は、甲に対し、残金○○円を下記のとおり、甲の指

定する銀行口座に振り込み支払う。

① 令和○年○月○日までに金○○円

② 令和○年○月○日から令和○年○月○日まで毎月末日までに金
○○円ずつ

第5条（期限の利益喪失） 乙が前条に定める支払いを1回でも怠った
ときは、甲からの通知催告を要せず期限の利益を失い、乙は甲に対し、
直ちに残金全額を支払わなければならない。

第6条（遅延損害金） 乙は、前条により期限の利益を失ったときは、甲
に対し、残金に対して期限の利益喪失の日の翌日から支払い済みまで
年○％の割合による遅延損害金を加算して支払わなければならない。

第7条（清算条項） 甲及び乙は、本件事故に関し、本契約に定める以
外には、何らの債権債務も存在しないことを相互に確認する。

第8条（強制執行認諾） 乙は、本契約に定める金銭債務の履行を怠っ
たときは、直ちに強制執行を受けても異議がないことを認諾した。

第9条（費用負担） 乙は、この証書の作成その他本契約に係る一切の
費用を負担する。

以上

<以下、本旨外要件省略>

Point

交通事故などトラブルが発生した場合の解決方法としては、まずは当
事者間で「示談交渉」が行われるのが一般的です。示談とは、民事上の
争いをしている当事者が、裁判外における話し合いにより、原則として
当事者間の譲り合いで、紛争を解決することをいいます。もっとも、当
事者の一方が全面的に譲歩して紛争を解決する場合もあり、この場合も
「示談」と呼ぶことがあります。

示談契約は、当事者間の争いを最終的に解決するための契約ですから、
今後再び争いが起こらないようにすることが重要です。民法では、当
事者が話し合いによって互いに譲歩し、紛争を解決する契約として、和
解契約に関する規定を置いています。和解は裁判上であっても裁判外で

あっても自由に行うことができ、また和解契約の内容も当事者が自由に決めることができます。そして、和解も示談も当事者が紛争を解決するためにする契約なので、示談契約は民法上の和解契約と基本的には同じであると言われています。示談交渉は当事者がお互いの問題点、妥協点を話し合い、納得して紛争を終結させる方法です。示談の際は、次のような点に注意して契約書や承諾書を作成しますが、それを公正証書にしておくことで、いつまでも被害者に紛争を蒸し返され、金銭を請求されるのを防ぐことができます。

① 紛争を特定する（第1条）

　紛争があったから締結するのが示談契約ですから、その対象となる紛争が何だったのかを特定することは最も重要といえるでしょう。紛争がいつ起こったのか、どこで起こったのか、当事者はだれか、どのような紛争だったのか、といったことを明確に記載するようにしましょう。

② 内容は明確かつ簡潔に（第2条）

　示談契約では、紛争の経緯や示談交渉の流れといった細かい内容を書く必要はありません。たとえば、交通事故の示談契約の場合なら、「加害者は被害者に対し、通院にかかった交通費、治療費として○円、休業補償として○円、慰謝料として○円を支払うこととする」などのように、示談条件のみを具体的に記載します。

③ 紛争を終結させる（第7条）

　後になって紛争を蒸し返されるのを避けるため、示談契約の書面には「今後はこの紛争に関する請求を一切行わない」といった条項を盛り込むのが一般的です。もっとも、示談契約書の形式は、法律で決められているわけではありません。しかし、後日のトラブルを避けるために、少なくとも、前述した示談の内容の他、示談が成立した日、当事者の住所・氏名を示談書に記載し、押印をしておくようにしましょう。

　ただし、示談契約時点では予測しえなかった後遺症などが出た場合については、被害者が改めて損害賠償請求をすることが認められている点に注意してください。

事実実験公正証書

　本職は、令和○年○月○日、○○○○（以下「甲」という）の嘱託により、○○県○○市○○町○○番○○企画株式会社会議室に出張し、その目撃事実を録取して、この証書を作成する。

　甲は嘱託の趣旨として、令和○年○月○日に本職役場を訪れ、「自分は上記住所に本店を有する○○企画株式会社の株主であり、代表取締役である。同社は、令和○年○月○日○時に、社内会議室で臨時株主総会を開催することとなっており、所要事項は株主に通知済みであるが、議案は取締役○○○○（以下「乙」という）の解任である。ついては、この総会における議事の内容、決議の成立状況について、後日の紛争を防止し、証拠とするため、公正証書を作成いただきたい。会社の発行済株式は○株であり、株主は4名である。その所有株式数は甲○株、乙○株、丙野丙太○株、丁田丁一○株である。また、定款の定めにより、当該議案の議決は出席株主の議決権の過半数によることとなっている」旨を述べた。

　本職は、株主総会開催日時に○○企画株式会社会議室に出張し、議事の進行を見聞した。

　定刻になると、甲は、議長として臨時株主総会を開催する旨を宣言し、乙を除く全株主が出席しているため、定足数を超えており、総会が有効に成立していると述べた。甲は、議案である取締役乙の解任についての趣旨説明を開始し、「乙は、会社の金を着服し、会社に損害を与えたまま行方不明となっている。乙をこのまま取締役としておくことはできないため、解任したい。株主の皆様のご承認をいただきたい」と述べた。議場にいたともに50歳前後の男性株主2名は「承認」「異議なし」と発言した。甲は「満場一致により、本議案は可決された。本総会は○時○分に終了した」と述べた。

以上の事実を本職は見聞した。

以上

本旨外要件

住　　所　　○○県○○市○○町○丁目○番○号

嘱託者　　　○○企画株式会社

住　　所　　○○県○○市○○町○丁目○番○号

上代表取締役　　○○○○　　㊞

昭和○○年○月○日生

　上記の者は運転免許証を提出させてその人違いでないことを証明させた。

　上記の者に閲覧させたところ、各自その内容の正確なことを承認し、次に署名・押印する。

○○○○　　㊞

　この証書は、令和○年○月○日、本公証役場において作成し、次に署名・押印する。

○○県○○市○○町○丁目○番○号

○○法務局所属

公証人　　○○○○　　㊞

　この正本は、令和○年○月○日、甲の請求により本職の役場において作成した。

○○法務局所属

公証人　　○○○○　　㊞

Ｐｏｉｎｔ

1　事実実験公正証書について

　公証人が五感（視覚・聴覚・嗅覚・味覚・触覚）で直接見聞した事実に基づいて作成する公正証書のことを「事実実験公正証書」といいます。文章の他に図面・写真・ビデオを使って公正証書を作成することもあります。事案によっては、公証人が現場に行くこともあります。

事実実験公正証書は公証人が見聞きした事実であるため、訴訟での証明力も高くなります。将来の争いに備えて証拠を保全する必要性が高い場合に、事実実験公正証書が作成されることが多いようです。

　本ケースでは、行方不明の取締役を解任するために行われる株主総会を公証人に見聞してもらい、その見聞した公証人が事実実験公正証書を作成しています。これは、解任した取締役が後で株主総会の違法性を主張して訴訟（株主総会決議取消訴訟など）を提起しても、株主総会が正当に行われたことを証明するために役立ちます。

2　事実実験公正証書の注意点

　事実実験公正証書の作成を嘱託することに決めた企業や個人が注意すべき点は、以下のとおりです。

①　嘱託人の決定

　まずは、だれが「嘱託人」となり、どこの公証人に、事実実験公正証書の作成依頼の手続きをするのかについて決めます。

②　事前準備

　公証人に現場まで来てもらう場合には、公正証書にしてもらう事実についてあらかじめ準備しておく必要があります。事実実験を行う当日の段取りを整理しておきましょう。公証人は管轄区域外への出張ができないため、現場を管轄する公証人に依頼することも重要です。

③　記載にもれがないようにしてもらうこと

　事実実験は、実施する事実実験の内容によっては長時間に及ぶこともあります。そのため、嘱託人は公証人の記載もれがないように、重要なポイントを見聞してもらうようにしておかなければなりません。公証人の面前で事実実験が行われたとしても、公証人が認識していないと、記載されない可能性があるからです。

④　後で読む人がわかるように記載してもらうこと

　事実実験の内容によっては、公証人がその分野について専門的な知識をもちあわせていないこともあります。後日、裁判官やその他の人が見ても理解できるように、わかりやすく記載してもらう必要があります。

事実実験公正証書（尊厳死宣言書公正証書）

事実実験公正証書

　本公証人は、尊厳死宣言者○○○○の嘱託により、令和○年○月○日、その陳述内容が嘱託人の真意に基づくものであることを確認の上、宣言に関する陳述の趣旨を録取し、この証書を作成する。

第1条　私、○○○○は、将来病気又は事故などによって不治の状態になり、かつ、死期が迫っている場合に備えて、私の家族や治療に携わる方に以下のことを要望いたします。

　①　疾病もしくは事故による状態が不治のものですでに死期が迫っていると、担当医を含む2名以上の医師により診断された場合には、死期を延ばすためだけの延命措置は一切行わないでください。

　②　ただし、死に至るまでの苦痛を和らげるための措置の実施は最大限実施をお願いします。その苦痛緩和措置による副作用等によって私の死亡時期が早まることになったとしてもかまいません。

第2条　前条のような措置を私が望むのは、私の親族が末期がんで2か月間苦しみぬいて死んでいったのを目のあたりにしたためです。私はそのような措置を受けることは望まず、また同様に脳死状態で再起不能の場合にただ生きるためだけに管などを巻かれることも私の倫理観に反することであり、前条のような意思表明をするにいたりました。

第3条　私のこの意思表明、証書作成にあたっては以下の家族の了承を得ております。

　　　妻　　○○○○　　昭和○○年○月○日生
　　　子　　○○○○　　昭和○○年○月○日生
　　　子　　○○○○　　令和○年○月○日生

　願わくば、第1条のような場合に陥ったときに家族と医師の方々が私の意思を汲んでいただき、人間として安らかな死を迎えることができるようご配慮ください。

第4条　私のこの宣言による要望を受け入れ、実施していただいた方に

深く感謝いたします。そして、その方々が私の尊厳死を迎えたいということのためになされた行為の責任の一切は私にあります。

警察、検察の関係者におかれましては、これらの方々を犯罪捜査や刑事訴追の対象とすることのないよう切にお願い申し上げます。

第5条　この意思表明は、私の精神が完全に健在な状態にあるときにしたものです。したがって、私の精神が完全に健康である場合に撤回した場合を除いて、その効力は持続します。

以上

＜以下、本旨外要件省略＞

Point

　医学の発展に伴って、死期の近い病であっても、生存期間を延ばすことができるようになりました。しかし、無理な延命を拒否し、自然な死を迎えたい人もいます。これを尊厳死といいます。わが国において、尊厳死は法的に確立された権利ではなく、グレーゾーンであると考えられます。しかし、尊厳死の意思表示をしっかりしていれば、多くの場合、医療関係者が患者の希望を聞き入れているようです。

　客観的な尊厳死の意思表明の方法としては、書面による尊厳死宣言書を作成するのが一般的です。尊厳死宣言書は、自分で書いて家族に保管してもらうこともできますが、自分で作成した場合は、文書の真正性について疑いが生じるなど、トラブルが生じる可能性があるためです。

　尊厳死宣言をするに際して必要な項目としては、尊厳死を希望する意思表明と宣言です。他に、あったほうが望ましい項目として、尊厳死を望む理由、家族の同意の有無、医師など尊厳死を実行する人に対する免責についてなどがあります。

　これらの事柄を自分なりに説明できるようにしておけば、公証役場での作成がスムーズに進むことでしょう。

事実実験公正証書（相続財産目録調製公正証書）

事実実験公正証書

　本職は、遺言者○○○○（令和○年○月○日死亡。以下「甲」という）の指定する遺言執行者○○○○（以下「乙」という）の嘱託により、相続財産の目録を調整し、この証書を作成する。

　遺言執行にあたり、相続人○○○○（以下「丙」という）から民法第1011条第2項の規定に基づく公証人による相続財産目録作成の請求があり、乙及び丙は、令和○年○月○日○時、本職役場に出頭した。本職が乙に対し、財産目録に記載すべき相続財産の開示を求めたところ、乙は、別紙目録のとおりの財産がある旨を述べ、それぞれについて、不動産については登記事項証明書、預金についてはその通帳を示し、面積、金額等、目録記載の項目について説明した。続いて、乙は、別紙目録に記載のとおりの負債がある旨を述べ、契約書、請求書を示して、その内容を説明した。その後、乙は、甲の財産は以上ですべて開示したことを述べた。

　本職は、乙の陳述に基づき、別紙相続財産目録を作成し、乙及び丙に示したところ、異議がない旨を述べたので、同日○時に、本目録の調製を終えた。

以上

＜以下、本旨外要件省略＞

Point

　本書式は、民法1011条2項に基づき、相続人から請求を受けた遺言執行者が、公証人に財産目録の作成を依頼し、公証人が財産目録の作成過程を記載したものです。嘱託人（遺言執行者）は、財産目録を作成するのに必要な証書を用意します。たとえば、不動産登記事項証明書、預金通帳といった財産の存在を証明する書面の用意が必要です。

事実実験公正証書（弁済提供目撃公正証書）

事実実験公正証書

　令和○年○月○日、本職は○○○○（以下「甲」という）の嘱託により、○○県○○市○○町○丁目○番○号、○○○○（以下「乙」という）方に出張し、目撃事実を録取して、この証書を作成する。

　甲は、乙所有の○○県○○市○○町○丁目○番○号○○マンション○号室を乙から賃借している。乙は、令和○年○月○日、諸物価高騰を理由に翌月から賃料を月○万円から○万円へ値上げする旨を甲に対して通知した。賃料は、毎月末日までに翌月分を甲が乙方に持参して支払う定めとなっている。甲は、値上げを受け入れる意思はないため、乙に賃料の提供をした上で、乙が受け取らないときは、これを供託する旨を述べた。そして、甲が乙に対し弁済の提供をしたことに関し、後日の証拠のため、公正証書の作成を令和○年○月○日、本職に嘱託した。本職は、甲とともに甲の案内により、令和○年○月○日○時、乙方を訪問した。

　甲は、「賃料の値上げの通知を受け取ったが、生活が厳しく値上げは受け入れられない。従前の金額を持ってきたので、来月分の賃料として受け取ってほしい」と述べ、家賃の入っている封筒を乙に差し出した。これに対し、乙は、「周辺の家賃相場が上昇しているので、甲の事情もあるだろうが、今回の値上げへはやむを得ないものであり、値上げ後の金額でなければ、お金を受け取ることができない」と述べた。甲は、「それでは、これは持ち帰り、今後のことについて検討する」と述べ、封筒をカバンに収め、乙方を同日○時、退去した。

　以上の事実を公証人は現認した。

以上

本旨外要件

住　所　○○県○○市○○町○丁目○番○号

○○マンション○号室

職　業　会社員

嘱託人　○○○○　㊞

昭和○○年○月○日生

　上記の者は運転免許証を提出させてその人違いでないことを証明させた。

　上記の者に閲覧させたところ、各自その内容の正確なことを承認し、次に署名・押印する。

○○○○　㊞

　この証書は、令和○年○月○日、本公証役場において作成し、次に署名・押印する。

○○県○○市○○町○丁目○番○号

○○法務局所属

公証人　○○○○　㊞

　この正本は、令和○年○月○日、甲の請求により本職の役場において作成した。

○○法務局所属

公証人　○○○○　㊞

Ｐｏｉｎｔ

　本書式は、甲が乙に対し賃料を提供したが、乙から受領を拒否された場面を公証人に見聞してもらい、それを事実実験公正証書してもらったものです。甲は乙から賃料の受領を拒否されましたが、弁済提供があるとされますので、乙は、賃料の支払いの遅れを理由に、賃貸借契約の解除や甲に対する損害賠償請求などができなくなります。

　もっとも、賃料の支払時期は毎月やってくることから、賃貸人の受領拒否のケースでは、賃借人が毎月賃料相当額を供託して賃料を支払ったことにすることが多いといえます。

第7章

強制執行するための手続き

強制執行とはどんなものか

債権者の「本気」を示すことができる手段

● 裁判所に申し立てることで強制的に権利を実現する

　貸した金や売掛金を債務者が予定どおりに支払ってくれないケースはよくあります。なかなか催促しにくい中、支払ってくれるのを待っているだけでは、時効が成立して債務が消滅してしまい、債権の取立てができなくなります。しかし、いくら支払いを催促しても債務者に応じてもらえないからといって、脅迫的な言葉で返済を強いることをすれば、警察に身柄を拘束され、債権者のほうが恐喝罪などに問われかねません。さらに、債務者に納品した商品を契約上の権利もなく勝手に引き揚げたりすれば、強盗罪や窃盗罪になってしまいます。

　債権者が自分の権利を守ることは当然ですが、債権者だからといっても、裁判所の手続きを経ることなく債務者の財産を強制的に奪うことによって、債権者の権利を守ることはできません。これを自力救済の禁止といいます。もし自力救済を認めてしまえば、社会全体が混乱し、無秩序な状態になってしまうからです。

　わが国では、債権者の権利を守る手段として**強制執行**の制度を設けています。強制執行を簡単に言えば、債権者が裁判所に申立てをすると、債権者に代わって、執行機関が債務者の財産を強制的に奪い、債権の取立てをしてもらえるシステムです。強制執行の申立てが認められると、債務者の財産が差し押さえられて、競売（オークションのことです）などにかけられます。競売などで得たお金から、まず債権額に応じた額が債権者に渡され、余ったときは債務者に渡されます（強制執行には、このような金銭の支払いを目的とする手続の他、金銭以外の財産の引渡しを目的とする手続もあります）。

ただ、権利関係を強制執行認諾約款のある公正証書にしておいても、その公正証書を裁判所に提出しただけでは、執行機関はすぐに動いてくれません。強制執行は相手の財産に直接的な影響を及ぼすため、慎重に手続きを進める必要があるのです。具体的には、強制執行してもよいことを証明してもらい（執行文の付与）、債務者に強制執行をすることを伝えた後で（債務名義の送達）、強制執行が行われます。強制執行の詳細な手続きについては民事執行法に定められています。

　裁判所に強制執行の申立てをしたことを知って、債務者があわてて自分の財産を売却し、そのお金で返済してくることもあります。自分の財産が競売にかけられるよりも、自分で売却するほうが少しでも高く売れることが多いからです。強制執行の申立ては、「本気で返してほしい」という債権者の強い気持ちの表われだといえます。

● 強制執行を実行するのは裁判所または執行官

　公正証書を作成する公証人が強制執行をするわけではありません。実際に強制執行を実行するのは、裁判所または執行官という2つの**執行機関**のどちらかです。

　執行官については、あまり聞いたことがないと思います。執行官は、各裁判所に置かれている国家公務員です。ただ、一般の公務員のように固定給を受け取っているわけではなく、自分の担当する強制執行の手数料で収入を得ています。したがって、強制執行を申し立てるときは、これを実行する執行官に支払う手数料が発生することも、あらかじめ知っておくとよいでしょう。

　強制執行の対象になるのが不動産（土地や建物）である場合、または債務者が第三者に対してもっている債権である場合は、裁判所が執行機関になるため、裁判所に対し強制執行を申し立てます。

　一方、家具・宝石・自動車などの動産が強制執行の対象になる場合は、執行官が執行機関になるため、執行官に対し強制執行を申し立て

ます。その他、賃料滞納の賃借人や不法占拠者を土地・建物から追い出すための明渡し執行も、執行官に申し立てることになっています。

● 執行文の付与と債務名義の送達が必要

公正証書は後々の強制執行を見据える点で効果的な文書です。公正証書に強制執行認諾約款がつけられている場合、その公正証書は執行証書であり債務名義（233ページ）なので、訴訟を提起して勝訴判決を得なくても強制執行をすることができます。

しかし、強制執行認諾約款がある公正証書を執行機関に提出するだけでは、強制執行の申立てはできません。公正証書を作成した公証人と執行機関には接点がなく、本当にその公正証書どおりに強制執行をしてよいのか、執行機関としては判断に迷うことがあるからです。

民事執行法では、強制執行の申立てにあたり、①執行文の付与と、②債務名義の送達という手続きを踏むことを義務づけています。

● 執行文とは

執行文とは、債務名義（公正証書や確定判決など）に記載された債権者が、同じく記載された債務者に対し債権を持っており、その債権は現存しており（債務者の弁済や時効の成立などによって債権が消滅していない）、そして執行力があることを公に証明する文言です。

債務者に債務があるとしても、一定の条件の成就または期限の到来が債務を弁済する前提となっている場合には、その前提となっているものが満たされているかどうかを執行機関は判断しかねます。債務者の死亡に伴う相続が生じると、債務を相続した者に対し強制執行をすることになりますが、本当に相続人なのか、相続放棄をしていないかといった判断が難しくなります。これらを執行機関が一つひとつ判断するのは、非常に負担が大きいため、その負担を軽減するために「執行文」をつけるのです。執行文がついていれば、強制執行してもよい

ということになります。執行証書に（強制執行認諾約款がついた公正証書）より強制執行をする場合には、債権者がその公正証書を作成した公証人のところへ行き、執行文を付与してもらうことになります。

　これに対し、執行証書以外の債務名義（確定判決など）についての執行文の付与は、事件記録のある裁判所の書記官が行います。

● 債務名義などを債務者へ送達する

　強制執行を実行するときは、あらかじめ、または強制執行の開始と同時に、債務名義（場合によっては他の証明文書も合わせて）を債務者に送達する必要があります。どのような理由で強制執行を実行しようとするのかを知らせるためでもありますし、入れ違いで債務が弁済された場合などは、債務者に強制執行を受けない権利が生じるので、債務者の権利を守るためでもあります。そして、執行証書を送達する場合は、公証人に送達の申立てをすることになります。

● 何に対して強制執行をするのか

　債権者としては、強制執行の手続きを進める前提として、何に対し

■ 一般的な強制執行の流れ ……………………………………………

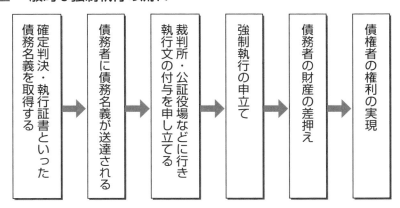

確定判決・執行証書といった債務名義を取得する → 債務者に債務名義が送達される → 裁判所・公証役場などに行き執行文の付与を申し立てる → 強制執行の申立て → 債務者の財産の差押え → 債権者の権利の実現

て強制執行をかけることができるのかを把握しておく必要があります。

① **不動産に対する強制執行**

　債務者が不動産を所有している場合には、金銭に換価して、債権を回収できる可能性は高いといえます。ただ、財産状態の悪い債務者については、すでに不動産に抵当権などの担保権が設定されているケースが多いので、その場合には担保権者に優先されます。なお、不動産については法務局で登記を調査する必要があります。

② **動産に対する強制執行**

　動産とは不動産以外の有体物です。具体的には、宝石などの貴金属、テレビなどの家財道具などを意味します。ただし、船舶・自動車・飛行機などの登録されている動産については、特別な取扱いがなされているので注意が必要です。法律的に動産として扱われているものには、裏書が禁止されていない有価証券、たとえば、株券・約束手形・小切手などがあります。これらは現金化しやすく高価なものが多いので、強制執行の対象としては有効です。

③ **債権に対する強制執行**

　対象となりうる債権は、通常は金銭債権です。具体的には、会社員の会社に対する給与債権、預金者の銀行に対する預金債権、国に対する国債、その他、貸金債権、代金債権などです。

■ **差押えの対象となるおもな債権** ……………………………………

種　類	第三債務者
給与債権	雇用主
預金債権	銀行
賃料債権	土地などの借り主
売掛金債権	取引先の会社
売買債権	買主

公正証書で強制執行するためには何が必要か

すべての公正証書が債務名義になるわけではない

● 債務名義とは

債務名義とは、一定の給付請求権（貸したお金の返還を求める権利など）があることを証明し、法律によって執行力（強制執行ができるとする効力）が与えられた文書のことです。強制執行をするためには必ず債務名義が必要です。

何が債務名義になるかについては、民事執行法という法律で定められており、拡大解釈（言葉の範囲内で法令の言葉を通常の意味よりも広く解釈すること）は許されません。そして、民事執行法で定められている債務名義のうち「執行証書」が、強制執行認諾約款のついた公正証書について示しています。執行証書の他には、確定判決、調停調書、家事審判調書などが債務名義になります。

● 公正証書が債務名義となるための要件

強制執行を行うためには、一般に訴訟を提起し、勝訴判決を得るという手順が必要です。しかし、一定の条件を備えた公正証書を作成している場合は、勝訴が確定した判決（確定判決）がなくても強制執行を行うことができます。これは、公正証書に債務名義としての効力が認められているからです。

しかし、公正証書であれば、何でも債務名義としての効力が与えられるわけではありません。民事執行法22条1項5号では、次の①および②の要件をすべて満たした公正証書（**執行証書**）だけが、債務名義として認められると規定しています。

① 金銭の一定の額の支払いまたはその他の代替物もしくは有価証券

の一定の数量の給付を目的とする請求である

　執行証書にすることができる契約内容についての条件です。「金銭の一定の額の支払い」を目的とする請求は、売買代金、賃料、請負代金、養育費、慰謝料といったお金の支払いを目的とする請求のことです。執行証書による強制執行の多くがこれに該当します。

　「その他の代替物の一定の数量の給付」を目的とする請求は、お金と同様に、取引において種類・品質・量が同じ他の物で代わりになる、代替物の給付の請求のことです。たとえば、金・プラチナ、大豆・とうもろこしなどは代替品といえます。他方で、不動産や美術品などは、他の物で代わりにならないので、代替品ではありません。

　「有価証券の一定の数量の給付」を目的とする請求は、株式、国債、手形、小切手、商品券といった有価証券の引渡しの請求のことです。有価証券の給付もお金の支払いに準ずるといえるため、債務名義にすることを認めています。

　これら3つ以外の請求、たとえば「今後、新たな借金をしない」「心から謝罪する」などについては、公正証書の中に記載があったとしても、強制執行することはできません。不動産や動産の引渡しや登記の移転なども、公正証書による強制執行ができないケースです。

　さらに「一定」であることが求められますから、公正証書の中に支払う金額または給付する数量が明確に記載されていなければなりません。たとえば、「賃料1か月10万円」「パソコン10台の価格100万円」「A会社の株式を100株」といった記載が必要です。

②　債務者が直ちに強制執行に服する旨の陳述が記載されている

　①の契約内容に加えて、債務者があらかじめ強制執行を了承していることが必要です。債務者の了承の有無は、公正証書の中に**強制執行認諾約款**があるかどうかで判断されます。公正証書の中に強制執行認諾約款が明確に記載されている場合に、初めてその公正証書が債務名義になり得ます。強制執行認諾約款のない公正証書は債務名義とはな

り得ません。したがって、強制執行認諾約款がない公正証書によって強制執行を行う場合には、訴訟を起こして確定判決を得るなど、債務名義を取得するための手続きを行うことが必要です。

　②の条件を満たすために記載する文言に決まりがあるわけではありませんが、おおむね「債務者が金銭債務の履行しない場合は、直ちに強制執行に服する旨を陳述した」などの条項を設けます。

　債務者側にしてみれば、契約書に強制執行認諾約款がつくのは「信用されていない」という印象を受け、気持ちのよいものではないかもしれません。しかし、債務者の不払いが生じたときに、この約款がついていないと、債権者にとっての公正証書の効力は半減してしまいます。金銭の支払いを約束する公正証書を作成する場合は、必ずつけるようにしましょう。

● 執行証書の作成上の注意点

　どのような契約で執行証書を作成するかにもよりますが、執行証書を作成する上で気をつけるべき点は、以下のとおりです。

① 債務の特定

　当事者間の債権債務といっても、さまざまな種類があります。同じ当事者間において他の契約を結んでいることも考えられ、当事者間の債権債務といっても、どの債権債務を指しているのかがわからないこ

■ 執行証書として認められるための要件 …………………………

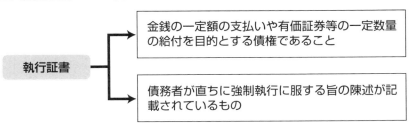

執行証書 → 金銭の一定額の支払いや有価証券等の一定数量の給付を目的とする債権であること

→ 債務者が直ちに強制執行に服する旨の陳述が記載されているもの

ともあります。そのため、公正証書に記載するときは、どの債務についてなのか、債務の同一性がわかるように明記することが大切です。

　具体的には、売買代金の支払債務については、ⓐ当事者（売主と買主）、ⓑ目的物（製品）、ⓒ売買代金（金○○○○円）、ⓓ売買契約を結んだ日（令和○年○月○日）が必須要素になります。

　金銭貸借上の債務（借金）については、ⓔ当事者の氏名（債権者と債務者）、ⓕ金額（金○○万円）、ⓖ消費貸借契約を結んだ日付（令和○年○月○日）などが必須要素です。ただし、同じ日に当事者間で別の契約があった場合には、それぞれの契約を区別できるよう、さらに詳しく書く配慮が必要です。

　そして、債務の特定については、公正証書上の記載だけから判断できるようにしなければなりません。念書やメモ書きがあったり、立会人などがいたりしても、公正証書記載外のことなので、これらを総合的に考慮して債務を特定することは認められていません。

②　債務額の特定

　有効な執行証書があれば、債権者からの申立てがあったら、すぐに強制執行の手続きに入ることができます。

　強制執行を行うのは執行機関（裁判所または執行官）ですが、執行機関は執行証書に記載されている債務額を基準にして、債務者の財産に対して強制執行を行います。執行機関には執行証書の内容の正当性を判断する権限はなく、もし内容に何らかの問題があれば、裁判所の手続き（請求異議の訴えなど）で争うことになります。

　債務額についても、公正証書以外の証拠品などを判断材料に加えることは認められておらず、あくまでも公正証書に債務額を明記する必要があります。ただし、利息や遅延損害金（55ページ）については、具体的な金額を公正証書に記載する必要はありません。とくに返済期限の定めがない場合は、利息の金額が契約時に決まるわけではありません。遅延損害金については、未払いの債務額に応じて発生する性質

のものです。利息や遅延損害金は、元本に対する利率が一定していれば自動的に計算できるので、金額を明記する必要はありません。

③　強制執行認諾約款の記載の重要性

　公正証書を作ることの最大のメリットを活かすためには、強制執行認諾約款を記載しておかなければなりません。公正証書に契約内容を記すだけでは強制執行はできず、「（債務者は）金銭債務の履行をしないときは強制執行を受けることを認諾する」という条項（強制執行認諾約款）が記されていることが重要です。この一条項があるのとないのではまったく法的効果が違うことを知っておくのが大切です。

　強制執行認諾約款がないと、原則として訴訟を提起し、確定判決を得なければ、強制執行ができません。訴訟には時間と費用がかかるため、強制執行をあきらめる可能性が高くなります。

④　将来の債権には強制執行の認諾はない

　強制執行認諾約款は、どのような債権にもつけられるわけではなく、将来の債権にはつけられないのが原則です。つまり、公正証書の作成時の段階で、すでに債権が発生していることが要件になります。

　しかし、一定の条件や期限の到来によって効力が発生する債権に対しては、強制執行認諾約款をつけることができます。たとえば、「満〇歳になった次の月から月々２万円を支払う」「〇〇試験に合格したら金〇〇万円を支払う」といった債権には強制執行認諾約款をつけることができます。また、債務が支払われない場合に損害金として一定額を支払う契約（損害賠償額の予定といいます）にも、強制執行認諾約款をつけることができます。

3 執行文の申請のしかた

条件の成就や期限の到来を証明する必要がある

● なぜ執行文が必要になるのか

　公正証書によって強制執行をするには強制執行認諾約款（執行認諾文言）が必要です。では、執行証書（強制執行認諾約款がある公正証書）があれば、債務者が債務を履行しない場合、直ちに強制執行ができるのでしょうか。実は簡単には強制執行はできません。

　権利関係がある、債務があるという段階と、強制執行を行う段階とでは意味合いが違います。強制執行は債務者の財産に強制的に影響を及ぼすもので、執行証書のとおりに強制執行をすることの可否を確認することが重要になってきます。あいまいな執行証書をもとに強制執行されてしまっては、債務者にとって酷だからです。

　執行証書に書かれた内容が確かに執行力をもつことについては、執行証書を作成した公証人が公に証明する文言をつけることになっています。前述したように、このような文言を「執行文」といい、執行証書に執行文をつけることを**執行文付与**といいます。

● 条件成就執行文や承継執行文とは

　すでに発生している債務について強制執行認諾約款をつけることができるのが原則ですが、一定の条件が成就したときや、一定の期限が到来したときに発生する債務についても、強制執行認諾約款をつけることができます。この場合は、一定の条件が成就したことや、一定の期限が到来したことを、債権者が公証人に対し証明しなければなりません。公証人は、債権者からの証明を受けて、執行証書に執行文を付与します。この場合の執行文を**条件成就執行文**といいます。

また、執行証書に記載された債権者・債務者とは別の人物が、強制執行に関わってくることもあります。たとえば、債務者の死亡に伴って債務が相続されることがありますし、債権者が債権を他人に譲渡することもあります。これらのケースでは、債権や債務が他人に引き継がれたことを公証人に証明して、その公証人から執行文を付与してもらうことになります。この場合の執行文を**承継執行文**といいます。

　以上の「条件成就執行文」「承継執行文」をつけるケースでは、執行証書作成時と状況が変わってきているために、執行文の付与については、とくに十分な注意を必要とします。

● 条件成就執行文における解釈の難しいケース

　一定の条件が成就し、債務者が債務を弁済しなければならない状態になっても、その条件が成就していることを証明できなければ、条件成就執行文が付与されず、強制執行の手続きが行われません。

　条件成就執行文が必要になるケースは、解釈が難しい場合もありますが、実際に問題となるケースをいくつか挙げておきます。

①　条件と期限

　債務の発生に条件がついているものは、設定した条件が成就したことを証明する必要があります。ただし、「条件」と「期限」の区分けが困難なケースもあります。大まかに言うと、到来するのが確実なものは「期限」、到来（成就）するかどうかが不確実なものは「条件」と考えます。たとえば、「○○年○月○日までに」などは期限と考え、「大学に合格したら」「結婚したら」などは条件と考えます。

②　確定期限と不確定期限

　「○○年○月○日に支払う」という確定期限（いつ到来するのかが決まっている期限）の記載があれば、その記載された日が到来すれば債権者が支払いを請求できることは、だれの目にも明らかです。この場合は、わざわざ証明しなくても執行文は付与されます。

これに対し、期限が到来することは確実だが、いつ到来するのか正確な日付が決まっていない不確定期限の場合は注意が必要です。たとえば、「○○さんが死亡したら」債務を履行するという不確定期限がついている場合、その記載された人が死亡したのかどうかは、日付の到来のようにだれにでもわかるものではないため、その証明が必要となります。この場合、記載された人の死亡診断書などによって、不確定期限が到来したことを証明しなければなりません。

③　期限の利益の喪失約款について

　借金の分割返済や代金の分割払いに関する公正証書（執行証書）には、よく「１回でも支払いを怠った場合には、当然に期限の利益を失い、残りの債務を全額支払わなければならない」（当然喪失）という文言が記載されている場合があります。この期限の利益の喪失約款は、「１回でも支払いを怠ったら」という部分が条件であるとも解釈できますが、この場合は単純な執行文の付与でよいとされています。支払いがなされていたのであれば、債務者が証明すべきであるからです。

　他方、「１回でも支払いを怠った場合には、債務者の請求により、期限の利益を失い、残りの債務を全額支払わなければならない」（請求喪失）という文言の場合、「債務者の請求」があったことを証明して、条件成就執行文の付与を受ける必要があります。

● 条件成就執行文付与の手続き

　公証人から執行証書に条件成就執行文をつけてもらって、強制執行の手続きに移行する場合の手順は、以下のようになります。

①　条件の成就を証明する

　執行証書に記載された条件が成就したことを公証人に証明するのは債権者の役割です。この証明は口頭ではなく、文書によってする必要があります。たとえば「○○さんの死亡」という条件であれば、死亡診断書などの公的文書などで証明します。ただし、文書は公的なもの

である必要はありません。公証人が条件の成就を確認できるものであれば、私的文書でもかまわないとされています。

債権者は、条件成就執行文の付与を申し立てる際に、そうした文書をあらかじめ準備して持参すると、手続きがスムーズに進みます。

② 公証人に対して証明が困難な場合

文書による証明ができないのであれば、公証人は執行文を付与できません。その場合、条件が成就していることを裁判手続きによって判断してもらうことができます。これを執行文付与の訴えといいます。公証人に対する証明は文書によらなければなりませんが、裁判所に訴えを提起する場合は、文書に限らず、どのような証拠資料でも提出することができます（証人を呼んで陳述してもらうなど）。

なお、執行文付与の訴えを提起する裁判所は、債務者の住所地を管轄する（事件を扱う）裁判所です。執行文の付与を命ずる判決が確定すれば、その正本と確定証明書（裁判が確定したことを証明する書面）を公証人に提出し、公証人から執行文の付与を受けます。

③ 債務者に証明書の謄本も送達する

強制執行を申し立てるときは、債務者に対し債務名義をあらかじめ、または同時に送達する必要があります。強制執行をする際に、公証人から条件成就執行文を付与してもらった場合は、条件成就や期限到来の証明のために提出した文書の謄本（コピー）も、債務者に送達することになっています。これは、どのような文書に基づいて、条件成就や期限到来が認められたのかを、債務者が知ることができるようにするための配慮だといえます。

4 強制執行と送達証明の関係はどうなっているのか

執行を開始するには送達証明が必要になる

● 送達証明の役割とは

　強制執行を現実に執行機関が開始するためには、債務名義と執行文だけでは足りません。さらに**送達証明**という書類が必要になります。まず、強制執行の手続きは、債権者の申立てによって実施されますが、執行機関が執行を開始するには、債務名義を強制執行の開始に先立ってあらかじめ、または同時に、債務者に送達しておかなければなりません。執行を受ける立場にある債務者に、どのような債権について強制執行が開始されるのかあらかじめ知らせて、反論（防御）のチャンスを与えることが必要です。そして、反論（防御）のチャンスを与えるための重要な手続きとなる送達がなされているかどうかを執行機関に認識させるため、送達証明という書類が必要になるのです。送達が必要なのは、債務名義、承継執行文、条件成就執行文などです。

● 送達機関や申請、送達方法

　送達機関、送達申請、送達の方法についてみていきましょう。

① 送達機関

　送達は、信頼できる機関によって行われることが必要になります。

　まず、執行証書以外の判決、和解調書等の債務名義の送達は、裁判所書記官が送達機関として行います。次に、執行証書は、その執行証書の原本を保管する公証人が送達機関となります。実際は、郵便局員や執行官が持ってきますが、送達機関である裁判所書記官や公証人が、郵便局員や執行官に付託（委託）しているという形をとっているのであって、郵便局員や執行官が送達機関ではありません。

② 送達の申立て

　送達の申立てとは、「送達してください」と申し立てることです。判決などの送達は、裁判所が職権で行いますが、執行証書の送達は申立てが必要です送達は強制執行のための重要な手続きですから、送達の申立てを忘れないようにしましょう。

③ 送達の方法

　送達の方法（下図参照）は、いくつかありますが、その時々の状況に応じて、使い分けられます。

● 送達逃れの問題

　強制執行が開始されるまでの時間を稼ぐなどの目的で、送達をわざと逃れ、執行等の手続きを妨害するケースもあります。送達は、強制執行の場面ばかりでなく、判決を得るための訴訟手続の中でも重要な手続きと位置づけられていますから、送達をしないことには進行しません。ただし、受領されなかったとしても、最終的には書留郵便による送達によって発送した時点で送達が完了したとみなすことができます。

■ おもな送達の方法 ……………………………………………

交付送達	債務名義を直接、債務者に交付する方法
書留郵便に付する送達	送達先は判明しているが受領されずに交付送達等ができない場合に、送達すべき書類を債務者の住所地に郵便で発送して行う方法
公示送達	債務者の行方が不明で送達場所も不明のときに行われる。債務者が出頭すれば、いつでも送達すべき書類を交付する旨を、裁判所の掲示板に掲示することによって行われる

5 強制執行の財産の調査について知っておこう

第三者からの情報取得制度が新設されて実効性が高くなった

● 十分な調査が不可欠である

　債務者がどのような財産をどこに保有しているのかを事前に調査しておくことは、強制執行にあたっては不可欠な要素です。貸金や売買の契約を締結する際に、それとなく債務者の財産状態を聞き取っておくことも大切です。対象となる財産によって、調査の方法はもちろん、調査すべき力点も異なってきます。

● 不動産の調査をする

　不動産の特徴は何といっても、登記によって世間一般に対して財産状態が公示されていることです。登記とは、不動産の情報を法務局にある登記簿という公簿に記録することをいいます。

　登記は不動産の権利関係を公示するものです。そのため、登記簿はだれでも見ることができるようになっています。登記簿を見れば、不動産の所有者や、その不動産に設定されている抵当権がわかります。つまり、不動産は隠すこともできませんし、不動産をめぐる他の法律関係も把握することができるので、他の強制執行の対象とは異なって比較的調査はしやすいといえるでしょう。

● 預金債権の調査をする

　債権は、第三債務者（債務者が有する債権の債務者）が確実な資産を保有している限り、強制執行の対象としては有効なものとなります。債務者が会社員である場合の勤務先、預金者である場合の銀行・信用金庫、事業者である場合の経営状態の良好な取引先は、確実に債権を

回収するための相手となります。

● 財産開示手続きとは何か

　金融機関が金銭の貸付けを行う場合には必ず抵当権などの担保権を設定します。このように、最初から相手の財産がはっきりしていて、担保権を確保していればよいのですが、そうでない場合には、実際のところ債権の回収が困難になるケースも多々あります。せっかく苦労して裁判に勝つなどしても、相手の財産の有無・所在などがはっきりしていないと意味がありません。そこで、民事執行法は債務者の財産を開示させる制度として**財産開示手続き**を置いています。

　ただ、従来の財産開示手続きは、債務者の自己申告によるため、嘘をついた場合でも30万円以下の過料しか科せられないことから、強制力が弱く、実効性に乏しい制度でした。そこで、令和元年5月に民事執行法の一部が改正され、実効性のある手続きとして財産開示手続きが生まれ変わりました。

　具体的には、申立権者の範囲の拡大や罰則の強化に加え、第三者から債務者の財産に関する情報を取得できる制度が新設され、令和2年4月から施行されています。

● 第三者からの情報取得制度の新設

　執行裁判所に申立てをすれば、執行裁判所は銀行や証券会社などの金融機関や登記所、市町村や日本年金機構等に対し情報の提供を命ずることができます。

　これにより、法務局は債務者が登記名義人となる土地や建物に関する情報を、市町村や日本年金機構は給与債権（勤務先）に関する情報を、金融機関は債務者名義の預貯金債権や上場株式、国債等に関する情報を回答する必要があります。

　申立てをすることができるのは、執行力のある債務名義の正本を有

する金銭債権の債権者と、債務者の財産について一般の先取特権（法律の定めによって発生する特殊な担保権）を有することを証する文書を提出した債権者です。

なお、給与債権に関する情報については、養育費・扶養義務等に関する債権や生命・身体侵害による損害賠償請求権を有する債権者のみが申立てをすることができます。

● その他の改正ポイント

これまで財産開示手続きは、確定判決等を有する債権者に限定され、債務名義であっても、仮執行宣言付判決や仮執行宣言付支払督促、執行証書（期限内に返済しなければ、債務者は強制執行に服することを認めるという文言が入った公正証書）を有する債権者は除外されていたため、公正証書により金銭の支払いの取り決めをした場合は、手続きを利用できないという弊害がありました。

そこで、改正法は、申立てをすることができる者を単に「執行力のある債務名義の正本を有する金銭債権の債権者」とし、申立権者の範囲を拡大したため、公正証書の場合でも利用が可能になりました。

また、従来、債務者が虚偽の陳述をした場合や出頭を拒んだ場合、30万円以下の過料しか科せられなかったため、財産に関する嘘の申告や出廷しない債務者もおり、強制力が弱いとの指摘がありました。そこで、改正法では不出頭や虚偽陳述に対する罰則を強化し、不出頭には6か月以下の懲役または50万円以下の罰金という刑事罰による制裁を科すことで、手続きの実効性の向上を図っています。

● 財産開示手続きの流れはどうなっている

申立先は、原則として債務者の住所地を管轄する地方裁判所です。申立ての期間は制限されています。過去3年以内に債務者について、財産開示手続きが実施されている場合には手続きができません。なお、

債務者が一部の財産を開示していなかった、新しい財産を取得した、債務者と使用者との雇用関係が終了した、といった事情がある場合には、例外的に財産開示手続きが実施されます。

　申立ては、申立書に申立てができる債権者であることや申立て理由、証拠などを記載して提出します。申立てを受けた裁判所は、財産開示手続開始を決定し、債務者を呼び出します。

　呼び出しを受けた債務者は事前に財産目録を作成・提出した上で、期日に裁判所に出頭します。出頭した債務者は、自分の財産について陳述し、これに対して債権者は裁判所の許可を得て質問をすることができます。

　なお、第三者からの情報取得手続きを申し立てる場合は、債務者の住所地（住所地がない場合には情報提供を命ぜられる者の所在地）を管轄する地方裁判所へ申し立てることになります。申立てを受けた裁判所は申立てを認める決定をすると、金融機関や登記所、市町村や年金機構等に対し債務者の財産に関する情報の提出を命じます。命令を受けた金融機関等は必要事項を裁判所へ書面で回答し、裁判所から申立人に書面の写しが送付されることになります。なお、取得情報を目的外で利用した場合は罰則が科せられます。

■ 財産開示手続きの流れ …………………………………………………

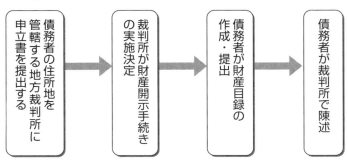

債務者の住所地を管轄する地方裁判所に申立書を提出する　→　裁判所が財産開示手続きの実施決定　→　債務者が財産目録の作成・提出　→　債務者が裁判所で陳述

【監修者紹介】

森　公任（もり　こうにん）

昭和26年新潟県出身。中央大学法学部卒業。1980年弁護士登録（東京弁護士会）。1982年森法律事務所設立。おもな著作（監修書）に、『図解で早わかり　倒産法のしくみ』『不動産契約基本法律用語辞典』『民事訴訟・執行・保全　基本法律用語辞典』『契約実務　基本法律用語辞典』『中小企業のための会社法務の法律知識と実務ポイント』『改正対応！株主総会のしくみと手続き』『離婚の法律相談と手続き実践マニュアル』など（小社刊）がある。

森元　みのり（もりもと　みのり）

弁護士。2003年東京大学法学部卒業。2006年弁護士登録（東京弁護士会）。同年森法律事務所　入所。おもな著作（監修書）に、『図解で早わかり　倒産法のしくみ』『不動産契約基本法律用語辞典』『民事訴訟・執行・保全　基本法律用語辞典』『契約実務　基本法律用語辞典』『中小企業のための会社法務の法律知識と実務ポイント』『改正対応！株主総会のしくみと手続き』『離婚の法律相談と手続き実践マニュアル』など（小社刊）がある。

森法律事務所

弁護士16人体制。家事事件、不動産事件等が中心業務。
〒104-0033　東京都中央区新川2－15－3　森第二ビル
電話 03-3553-5916
http：//www.mori-law-office.com

すぐに役立つ
債権回収から継続取引、遺言、信託まで
改正対応　公正証書のしくみと実践書式集

2021年1月30日　第1刷発行

監修者	もりこうにん　もりもと 森公任　森元みのり
発行者	前田俊秀
発行所	株式会社三修社
	〒150-0001　東京都渋谷区神宮前2-2-22
	TEL　03-3405-4511　FAX　03-3405-4522
	振替　00190-9-72758
	http://www.sanshusha.co.jp
	編集担当　北村英治
印刷所	萩原印刷株式会社
製本所	牧製本印刷株式会社

©2021 K. Mori & M. Morimoto Printed in Japan
ISBN978-4-384-04859-9 C2032